卞葆 编著

李昌钰 人生导师

中国纺织出版社有限公司

内 容 提 要

提起美籍华裔国际神探李昌钰，在中国可谓家喻户晓，并且是广大青年心中的偶像。这不仅因为他是享誉世界的当代福尔摩斯，还因为他连续四届担任中央电视台《挑战不可能》这一高收视率的大型励志节目评委，更因为他做人正直、做事勤奋、思维敏捷、智慧过人。他的传奇经历和人格魅力，是海外华人奋发有为的人生缩影；他的人生感悟和成功经验，折射出丰富而深刻的人生哲理。本书从多个视角，全方位解析了李昌钰的人生哲学，旨在激励更多的年轻朋友把握好自己的现在和未来，创造出精彩的人生。

图书在版编目（CIP）数据

人生导师李昌钰 / 卞葆编著. --北京：中国纺织出版社有限公司，2020.7
ISBN 978-7-5180-7485-3

Ⅰ.①人… Ⅱ.①卞… Ⅲ.①李昌钰—传记 Ⅳ.①K837.128.2

中国版本图书馆CIP数据核字（2020）第094445号

责任编辑：闫　星　　责任校对：王蕙莹　　责任印制：储志伟

中国纺织出版社有限公司出版发行
地址：北京市朝阳区百子湾东里A407号楼　邮政编码：100124
销售电话：010—67004422　传真：010—87155801
http://www.c-textilep.com
中国纺织出版社天猫旗舰店
官方微博http://weibo.com/2119887771
三河市延风印装有限公司印刷　各地新华书店经销
2020年7月第1版第1次印刷
开本：710×1000　1/16　印张：9.5
字数：100千字　定价：29.80元

凡购本书，如有缺页、倒页、脱页，由本社图书营销中心调换

前言

人间最美四月天，十年前的四月，我回到了阔别多年的家乡——如皋。如皋是历史文化名城、花木盆景之都，这里有古老的水绘园、定慧寺，有灵秀的亭台楼阁、如派盆景，有美味的酥烧饼、蟹黄包，有可口的董糖、潮糕，还有遐迩闻名的香肠、火腿……

如皋是中国第一长寿之乡、世界第六长寿乡。当年我回乡特意参观了东方大寿星园，园内芳草萋萋、景点多多，其中尤以"岸佛园"使我流连忘返。李王岸佛是李昌钰的母亲，享年106岁。她一生含辛茹苦地把13个子女抚养大，个个都成了博士，被誉为"伟大母亲"，成为跨越三个世纪的长寿老人。为了纪念这位长寿母亲，家乡人民特意在园区新建了"岸佛园"，并竖立了一尊全身铜像。我怀着景仰的心情拜谒了岸佛铜像，久久凝视着老人家慈祥的面容，心想：这不正是我母亲生前常常念叨的"闺密"！

据母亲生前讲，我的父亲与李昌钰的父亲既是经营上的合作伙伴，更是诚信相处的知己，两家算是世交，彼此交往密切。后来李家搬离如皋，两家的联系就断了。直到改革开放后，才从媒体上看到关于李昌钰和家人的报道，一种缘分驱使着我想写写李王岸佛、写写李昌钰。

后来我在出版的《如皋长寿内经》一书中，特意以"长寿名园，流连忘返"为节题，专门写了李王岸佛这位长寿母亲慈爱、坚毅、勤劳的美德，让每一位来"岸佛园"的瞻仰者由衷感到这位伟大母亲的可亲可敬。

如皋自古以来就是一方钟灵毓秀、人杰地灵的宝地，孕育了众多人文繁星，涌现出了一批享誉海内外的知名人士，国际神探李昌钰博士便是其中的翘楚。他的传奇经历和人格魅力，是海外华人奋发有为的人生缩影；他的人生感悟和成功经验，折射出丰富而深刻的人生哲理。这对于正在成长的年轻人，是不可多得的励志范例，有着强大的气场和感染力。李昌钰已经成为广大青年心中的偶像，正如中央电视台著名主持人董卿所言："李博士一辈子就是挑战不可能，我深感敬佩！他是神，是我心中的'男神'。"

为了激励更多的年轻朋友，在纷繁复杂的人生世界中，把握好自己的现在和未来，从而生活得更有意义，我不揣浅陋，精心提炼了这位兄长的人生哲学精髓，撰写了《人生导师李昌钰》，以飨读者。

本书在写作过程中，承蒙不少亲朋好友的支持和帮助，在此表示衷心的感谢！由于本人水平有限，书中存在疏漏在所难免，恳请李昌钰博士和读者朋友不吝赐教。

卞 葆
2019年6月6日
于北京

目录

第一章 拥抱梦想——变不可能为可能 // 001

※ 成功始于梦想 // 002

※ 积极让梦想实现 // 006

※ 永远不要说"不" // 009

第二章 干净做人——只留清气满乾坤 // 013

※ 正直是安身立命之本 // 014

※ 诚信是人一生的财富 // 017

※ 要有永不泯灭的良知 // 021

第三章 勇担责任——吹尽黄沙始到金 // 025

※ 责任是凝重的砝码 // 026

※ 责任是对工作的爱 // 031

※ 责任是对承诺的信守 // 034

第四章 坚守德行——洁白莫为枝上雪 // 037

※ 用善行和爱心书写人生 // 038

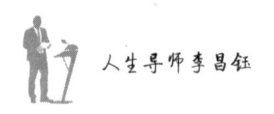

※ 做个受人尊重的人　// 042

※ 做个淡泊名利的人　// 047

第五章　自主选择——春来微径总堪行　// 051

※ 把握好每一次的选择　// 052

※ 选择适合自己的路　// 057

※ 只要努力就有机会　// 061

第六章　贵在勤奋——梅花香自苦寒来　// 065

※ 勤奋积累方能聚沙成塔　// 066

※ 千万不要停在原地叹息　// 070

※ 绝不让懒惰拖住后腿　// 073

第七章　坚持学习——活水源流随处满　// 077

※ 知识差异决定人生差异　// 078

※ 学习是对自我的挑战　// 081

※ 学习没有时间和年龄限制　// 085

第八章　珍惜时间——莫向光阴惰寸功　// 089

※ 成功的秘诀：不浪费时间　// 090

※ 成功的关键：会利用时间　// 093

※ 成功的技巧：工作即生活　// 097

第九章　把稳心态——眼界无穷世界宽 // 101

　　※ 知足的人生更美好 // 102

　　※ 忍耐才能砥砺成器 // 106

　　※ 贡献社会，收获快乐 // 110

第十章　心怀感恩——此情绵绵无绝期 // 115

　　※ 不忘慈母谆谆教诲 // 116

　　※ 不忘伴侣心手相牵 // 121

　　※ 不忘家乡水土之恩 // 126

附　录 // 131

　　※ 附录一　李昌钰家乡如皋概览 // 132

　　※ 附录二　李昌钰演讲活动剪影 // 138

后　记 // 143

第一章

拥抱梦想——变不可能为可能

我一生只做了一件事,就是变不可能为可能,所走过的每一步都是挑战了不可能。

——李昌钰

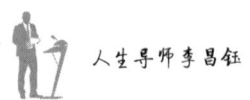人生导师李昌钰

成功始于梦想

人的一生不要觉得不可能就不行动,一定要有梦想,否则就没有明天。

——李昌钰

李昌钰于1938年出生在江苏如皋,1947年随父母举迁到台湾,1956年考入台湾警官学校,1965年携夫人到美国留学。在美国,他历经了10年的半工半读,在兼职多份工作为生的情况下,用两年时间修完了法律、刑事、生物化学等大学课程。此后,他一鼓作气,用了一年半时间拿下纽约大学生物化学硕士学位,又用一年时间攻下了纽约大学生物化学博士学位。他被应聘为纽海文大学助理教授后,经过短短3年,于1978年破纪录晋升为终身教授,并出任鉴识科学系主任。1979年他出任康乃狄克州警政厅刑事科学实验室主任兼首席鉴识专家。1998年他担任了康州警政厅厅长,成为美国历史上第一位任州级警界最高职位的华人首长。

从李昌钰1975年拿到博士学位算起,到2015年他已参与46个国家的大

第一章　拥抱梦想——变不可能为可能

案要案的办理，案件总数达8000多个，获得荣誉800多个，可以说平均每1.825天就要办理一件案子，每18.25天就获得一个荣誉。他在人们眼里简直就是福尔摩斯的化身。他凭借敏锐的眼光、出神入化的鉴识水准，从那些看似虚无缥缈的现象中找到破案的铁证。

李昌钰的成功经历引起人们极大的关注，大家纷纷探寻他成功的奥秘。

李昌钰于2014年2月25日做客北京大学国家发展研究院，作了《使不可能成为可能》的主题演讲，给了人们关于他为什么能取得成功的最佳答案。他真诚地说道："我一生为什么这么成功？人生一定要有个目标，一定要有梦想！爱迪生、富兰克林没有梦想怎么会有今天？但不能只是白日做梦，要把梦想变成现实，才是有用的梦。""有梦想与目标的人，生活态度积极、进取、创新，动力源源不绝。"

李昌钰用卓越的成就证明：成功始于梦想。他因为有了梦想，才有了人生前行的指路灯；因为有了梦想，才有了挑战一切不可能的动力和勇气。下面一则例子也证明了同样一个道理。

美国的罗伯·舒乐博士曾经有一个梦想：想在加利福尼亚州用玻璃造一座水晶大教堂。他向著名设计大师菲力普·强生说："我要的不是一座普通的教堂，我要在人间建造一座伊甸园。"虽然700万美元的教堂预算，对舒乐来说是个天文数字，但他却信心满满地设计了10套捐款筹资方案：一是寻找1笔700万美元的捐款，二是寻找7笔100万美元的捐款，三是寻找14笔50万美元的捐款，四是寻找28笔25万美元的捐款，五是寻找70笔10万美元的捐款，六是寻找100笔7万美元的捐款，七是寻找140笔5万美元的捐款，八是寻找280笔2.5万美元的捐款，九是寻找700笔1万美元的捐款，十是认购1万扇大教堂窗户，每扇700美元。

舒乐为了实现自己的梦想，四处奔波筹资。60天后，他用奇特而美妙的大教堂模型打动了富商约翰·可林，获得了第一笔100万美元的捐款。90天后，一位被舒乐梦想所感动的人士，捐了又一笔100万美元。后来，舒乐对水晶大教堂的窗户，以每扇500美元的标价，请求认购，可以每月付款50美元，10个月分期付清。结果，6个月内，1万扇窗户全部被认购完。直到1980年9月，这座能容纳1万人的举世无双的水晶大教堂终于全部竣工。历时12年，水晶大教堂的实际造价总计达2000万美元，大大超过最初的预算，但这并未使舒乐退却，经过坚持不懈的一点一滴筹集，最后终于如愿以偿。水晶大教堂已经成为世界建筑史上的奇迹和经典，也成为世界各地的游客必去参观的胜景——名副其实的人间伊甸园。

舒乐圆梦后说了一番颇有启迪的话：不是每个人都应该像我这样去建造一座水晶大教堂，但是每个人都应该拥有自己的梦想，设计自己的梦想，追求自己的梦想，实现自己的梦想。梦想是生命的灵魂，是心灵的灯塔，是引导人生走向成功的信仰。有了崇高的梦想，只要矢志不渝地追求，梦想就会成为现实，奋斗就会变成壮举，生命就会创造奇迹。

第一章 拥抱梦想——变不可能为可能

美国哈佛大学曾对一群智力、学历、环境等条件差不多的年轻人，做了一项关于梦想对人生影响的跟踪调查。调查结果显示：有坚定梦想的占3%，有自己梦想的占10%，梦想不确定的占60%，没有任何梦想的占27%。25年后发现，有坚定梦想的人几乎从未改变过既定的人生目标，后来通过不断努力，都相继成为颇有成就的社会精英。而有自己梦想的人，在人生的道路上不断实现着一个个短期目标，后来也都成了各行业不可或缺的专业人士。那些梦想不确定的人，后来的人生道路坎坷不平，都很平常地生活在社会的中下层。至于一些没有任何梦想的人，后来几乎都很不如意地生活在社会最底层，他们常常怨天尤人、牢骚不断。

调查者最后得出了这样的结论：梦想对人生有着强大的导向作用。人们一开始选择什么样的梦想，以后就会有什么样的成就，未来也就会有什么样的人生。

梦想，犹如一阵风，吹向未来；梦想，犹如一条船，驶向远方；梦想，犹如一盏灯，点亮明天。一个人只要拥有坚定的梦想，就能紧紧抓住梦想的树枝，敢于穿越所有的风雨，营造出一片郁郁葱葱的森林；敢于穿越所有的屏障，胜利抵达成功的彼岸。

成功始于梦想，让我们为梦想而战！

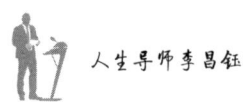 人生导师李昌钰

积极让梦想实现

人有三类：一是"积极让梦想实现"的类型，二是"站在那里不动"的类型，三是"对人生模糊不清"的类型。我希望大家都能成为"积极让梦想实现"的人。

——李昌钰

梦想是美好的，而实现梦想的历程往往是很艰难的。李昌钰当初踏上留学美国之旅时身上只剩下50美元，昂贵的学费让他捉襟见肘。刚开始，他和夫人栖身在一栋简陋而狭小的公寓，住房的大小还比不上一般人家的储藏室。为了维持生活和支付学费，别人不愿意做的苦活、累活，他都接下来做。后来，他在读书之余，又兼了多份工作：白天到纽约大学的实验室洗试管，晚上到中国餐馆端盘子，周末则到武术馆教老美中国功夫。偶尔有挣钱的机会，他也不会放过，比如替人家拔草、扫地，担任管家、司机等。平时为了节省几分钱的车费，他甚至下班和下课后都是走路回家。即使天寒地冻，他照样顶着零下几度的低温，走好几里路才能到家。

夜深人静，他独自一个人走在路灯暗淡的马路上，路显得格外长，常

第一章 拥抱梦想——变不可能为可能

有种漫漫长路，不知何时才能到达目的地的感叹。每当这时，他总是暗暗地鼓励自己："虽然这条路很长、很难走。但我绝不能退缩，更不能停留在原地自怨自艾。只要为梦想迈出一步，离目标就会更近；只要努力，假以时日，必定会到达终点。"

李昌钰刚开始迫于经济压力选择了一所免费的社区大学就读，后来才转到纽约大学的刑事司法学院。在学校里，他除了积极参加每堂课的讨论，认真完成指定的作业，还主动到实验室做更进一步的实验，平日来不及做完的部分，就利用周末时间到学校完成。老师看到他放弃了很多玩乐的机会，没日没夜地往实验室里钻，便对他说："看到你这么认真、执着，对科学充满了热忱，我认为你是个当鉴识科学家的料！"老师的鼓励更坚定了李昌钰积极让梦想实现的信念。然而他没有选择专攻犯罪学，虽然后者是比较容易的一条路，因为他当过警察，有一定的基础，但他还是愿意选择全新的挑战。

李昌钰靠着坚强意志的支撑，勇于为梦想而战，终于抵达了成功的彼岸。伊芙琳·格兰妮又何尝不是如此呢！

在2012年伦敦奥运会开幕式上，一位失去听力的特殊女鼓手登场亮相。她忘我投入的表演让8万余名观众激动不已。尽管她自己听不到现场爆发的掌声和欢呼声，但她用身体聆听每一个音符，向全世界观众展示了奥林匹克平等、包容的人文主义精神和她的音乐梦想。她就是受人尊敬的伊芙琳·格兰妮博士，获得过格莱美"最佳室内乐演奏奖"的世界顶级打击乐独奏家。

007

人生导师李昌钰

格兰妮出生在苏格兰东北部的乡村，从小就喜欢音乐，8岁时开始学习钢琴，后来又接触到打击乐，做一名出色的打击乐独奏家成为她追求的梦想。人有旦夕祸福，就在她追求梦想的人生旅途中，听力却出现了严重问题。经医生诊断，到12岁时，她会面临耳聋的厄运，这就意味着，她的音乐梦想将会被无情的现实所打碎。

格兰妮视音乐为生命，成为音乐家是她无法放弃的梦想。她坚强地面对现实，决心为梦想而战。她通过不懈的努力，终于掌握了一种独特的听觉方式：演奏时，用自己身体上的毛孔、皮肤、神经，甚至每一个细胞来感受空气的震动，从而感觉每个音符跳动的旋律。格兰妮虽然失去了一双耳朵，但通过苦练却长出了千万只"耳朵"，这令常人难以想象。

当格兰妮怀揣着梦想，向英国皇家音乐学院提出入学申请的时候，却遭到一些老师的反对，理由是一个失去听觉的人根本不可能学习音乐，但是，格兰妮当场以出色的演奏让老师们深深信服了。功夫不负有心人，她通过在音乐学院几年的刻苦学习，毕业时竟获得学院颁发的最高荣誉奖。毕业后，她又取得了一系列难以置信的成就：不仅能用大鼓、小鼓、木琴、风琴等多种乐器表演，还能谱写和改编许多打击乐独奏乐谱，真正创造了生命的奇迹，实现了自己的音乐梦想。

瞄准远方的梦想，注入坚定不移的执着，专心致志、脚踏实地努力实施，最后一定能收获一份沉甸甸的人生馈赠。

积极让梦想实现，请永远不要说"不"！

第一章 拥抱梦想——变不可能为可能

永远不要说"不"

我跟年轻的一代讲，永远不要说"不"，要迎难而上，知其不可为而为之，这样你才能成功。

——李昌钰

美国著名励志专家拿破仑·希尔年轻时买了一本字典，但他却做了一件奇特的事，就是用小剪刀剪掉了"不可能（impossible）"这个词，于是他有了一本没有"不可能"的字典。这就意味着，在他以后的整个事业中，都将不再为"不可能"提供理由或者寻找借口，而是首先认为自己能，然后去尝试、再尝试，最后发现自己确实能。李昌钰就是一个永远不说"不"，千方百计使"不可能成为可能"的人。

李昌钰的母亲李王岸佛出身书香门第，她知书达理、性格平和、克勤克俭、教子有方，要求子女们"有本事、有出息"。她62岁时去美国定居，与子女们团聚。她临行前一再叮嘱李昌钰，要好好读书，希望能拿到博士学位。李昌钰从小对母亲就很敬重，对叮嘱没有说"不"，并且爽快

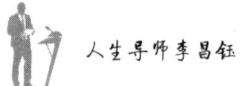

地答应了。

李昌钰1960年从台湾警官学校毕业后成为一名出色的警官，在工作之余，一直坚持学习，他后来即使与宋妙娟相爱并谈婚论嫁时，仍然没有中断学习。他与信给母亲，一再表示绝不放弃当初的承诺，一定会攻读博士学位。

1965年，27岁的李昌钰携妻远渡重洋闯荡美国，到了纽约时口袋里只剩下50美元。当时艰难的生活并没有使他改变初衷，反而促使他一边拼命打工赚钱，一边拼命抓紧读书。

李昌钰刚开始跟大学一年级的新生一起上课，起步较晚，再加上大学学费昂贵，因此无法像一般大学生一样，一学期只修十来个学分。他一心只想尽快完成学业，于是第一学期便注册了26个学分。这令注册组的老师十分惊讶："同学，打从我在这个学校工作的第一天起，从来没有看到过任何一个学生在一学期内修完这么多学分，这完全是不可能的事。"李昌钰面对"不可能"的事，满怀信心地说："如果你不让我试一试，怎么知道我无法达成？"在李昌钰的再三请求下，老师才勉强同意他注册了20个学分。第一学期过后，李昌钰以全部科目都是A的优异成绩结业，到了第二学期注册时，也就没有人再找他麻烦了。这使李昌钰深刻地体会到："千万不能因为别人说'不可能'就放弃自己的目标，一定要自己想办法找到出路，使不可能的事变得可能。"

李昌钰坚持白天打工，晚上上课，即使有点空余时间，也用在读书

第一章 拥抱梦想——变不可能为可能

上,不得不与玩乐绝缘。他说:"这是一场与时间、金钱的竞赛,必须全力以赴,以最快速度达到设定的目标,让不可能成为可能。"一分耕耘一分收获,他竟然用两年时间读完了一般需要四年完成的大学课程,于1972年取得了学士学位。在经济和学业的双重压力下,他更加奋勉,一年半后,于1974年获得了生物化学硕士学位。又经过一年的拼搏,于1975年如愿拿到了生物化学博士学位,实现了貌似"不可能"的学习目标,也向母亲交了一份满意的答卷。

汤姆·邓普西用自己的运动员生涯,同样告诉人们:没有不可能!

邓普西是美国著名的橄榄球运动员,他先天残障,从一生下来就只有半只左脚和一只畸形的右手。但父母并没有嫌弃他,也没有让他为自己的残疾而感到不安。只要其他男孩能做的事。父母都会让他努力去做,并不落后于别人,这让他从小就拥有自信。

邓普西后来喜欢橄榄球,竟然比任何一个在一起玩的男孩都踢得远。他找人为他专门设计了一只鞋子,经过踢球测验,意外地得到了冲锋队的一份合约,但是教练却认为,他并不适合当职业橄榄球员。最后他申请加入新奥尔良圣徒队,教练同样表示怀疑。但是邓普西的自信,促使教练给了他一次机会。在两个星期后的一次友谊赛中,邓普西踢出了55码(约50.3米)远的成绩,这让教练刮目相看,正式同意他留在圣徒队踢球。在那一个赛季中,邓普西为圣徒队赢得了99分的优异成绩。

011

在一次不同寻常的比赛中，球场上坐满了6.6万名球迷。球是在28码（约25.6米）线上，在比赛只剩下最后几秒钟的时候，圣徒队把球推进到45码（约41.1米）线上，看来已经没有时间了。不料，这时教练大声喊道："邓普西，进场踢球！"当邓普西进场的时候，他的队距离得分线有55码远，这是连常人都难以完成的目标，何况一位残障队员呢！但邓普西的心里只有五个字："没有不可能！"此时此刻，几万名球迷屏息观看激动人心的一幕！只见邓普西临阵一脚，全力踢在球身上，球笔直地飞了出去，接着终端得分线上的裁判举起了双手，表示得了3分，最终圣徒队以19：17获胜。球迷们疯狂地喊叫着，为踢得最远的球而兴奋无比。这一奇迹竟然是由只有半只脚和一只畸形的手的球员踢出来的，太令人不可思议了！人们的脸上满是惊讶和钦佩，向这位伟大的球员表示由衷的赞赏！而邓普西面对球迷们只是微笑着，他在心里深深地感谢父母！从小到大，是父母一直告诉他"你能做什么"，而不是"你不能做什么"，正如他赛后感言："父母从来没有告诉我，我有什么事情是不能做到的。"所以他才有信心、有勇气面对各种"不可能"，靠着坚强的意志变不可能为可能。

人的潜力是无穷的，世界上没有什么是不可能的。只要你与"不"绝缘，首先认为"能"，然后努力尝试，再尝试，最终结果会证明你是"能"的。

第二章

干净做人——只留清气满乾坤

从小到大,我一直记住妈妈的一句话:"从穿衣到做人,都要干干净净。"

——李昌钰

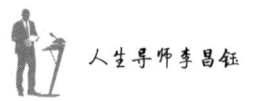 人生导师李昌钰

正直是安身立命之本

我一生正直做人，从不做亏心事。

——李昌钰

俗语说："作文贵曲，做人贵直。"正直即公正坦率，是非分明。做人正直，才会走得直、行得正、做得端，才会维护公平正义。李昌钰在海内外，一向以做人正直、做事正派而赢得他人的信赖和尊敬。

李昌钰一生经手过8000多个案件的调查侦破工作，创立了全美最有影响力的刑事科学实验室并担任首席鉴识专家。他的鉴定结论成为左右侦破的重要依据。因此，他首先从我做起并要求身边工作人员，一定要以科学证据办案，绝不能以个人主见来办案。他多次强调："只要我们尽了自己的努力甚至最大的努力，做了最公正的鉴定，那就行了。如果每个案件都担心输赢的话，你就不能以公正、客观的立场来办案了。"

李昌钰一生中处理过许许多多案件，其中也会涉及名人、政要、富豪，但他一直坦然应对来自多方面的压力，坚持按规则办事，让事实说

第二章 干净做人——只留清气满乾坤

话,用证据来证明一切。诸如震惊世界的"辛普森杀妻案""肯尼迪暗杀案""克林顿绯闻案"等重大案件的破解,无不彰显他正直的人品、公正办案的魅力。他认为:"这些饱受瞩目的案件,由于涉案人特殊的身份背景,办案人员在侦查过程中往往会受到许多外力的干扰,例如政治力量的介入,或是媒体舆论的过度评论、社会人士的立场分歧,这时我们要更客观、仔细地审视各项证据,绝对不能因为某个党派或特殊利益团体暗中施压、国会议员的过度关心,或是社会舆论的压力而产生先入为主的观念,对某些特定证据视而不见,误导了办案的方向。"

李昌钰一直认为,坚持客观立场,建立正直做人的良好信誉是安身立命的根本道理。他说:"'有多少证据说多少话'对从事鉴识科学的人员来说更是重要。如果没有良好的信誉,所做出来的鉴识结果势必缺乏可信度,难以赢得法官、陪审团与社会大众的信任。"李昌钰为州政府工作了30年,经历过五任州长,每一次只要新州长上任,多数州政府的高级官员一定会被撤换掉,改派自己的人马,而唯有李昌钰总是被留任,这和他"做人端正、行事清白",有着正直做人的良好信誉是分不开的。

美国著名投资人巴菲特说过,他评价一个人重点考察三项特征:正直、智慧、活力,如果不具备第一项,那后面的两项会害了你。巴菲特喜欢正直的人,出于对正直的追求,每次他在投资前,不仅要研究股票的未来发展状况,还要对持有股票的关键人物做一番分析。

015

有一次，巴菲特参加董事会投票，他竟然给一只看起来很有潜力的某公司股票投了反对票。其原因就在于，巴菲特事前通过调查了解到，该公司的最大股东是商场上一个刚入道的人，此人从创办公司到股票正式上市有一些行为令人质疑。尤其此人为了一己私利，不惜钻法律的空子，以达到利益最大化的目的。这就使巴菲特对这个人的人品产生了怀疑，认为此人不是一个正直的人。

在巴菲特看来，一个股东的人品决定一个公司的未来，即使公司当年发展得很不错，但在未来的发展过程中，如果没有一个好的领路人，则公司很难一直在健康的轨道上运行。所以，即使大家一时认为那是一只很有潜力的股票，巴菲特还是不愿意将大笔钱投到主人是一个不值得信任的那只股票上去。

巴菲特通过这则例子，一再忠告自己的子女，一定要明白正直做人的道理：哪怕因为自己的正直而一时看不到既得利益，但也要坚持正直的做人原则，切不可有丝毫的动摇。时间一长，等人们了解了你、认识了你，他们一定会信任你并主动与你打交道，到了那个时候，财富的到来则是水到渠成的事。巴菲特的儿子霍华德谈及父亲的为人，这样评价道："所有关于他坚持基本原则的事都是真实的，他一点也不虚伪，他是绝对真诚的。"

正直是安身立命之本、待人处世之基，一个人襟怀坦荡、光明磊落，一定会赢得他人的信任，获得更多的回报。

第二章 干净做人——只留清气满乾坤

诚信是人一生的财富

我时常勉励自己,做事要言而有信,对人要以诚相待。

——李昌钰

李昌钰是一个做人做事讲究诚信的人,一直以"至诚信义"作为自己终身奉行不渝的座右铭。他说:"我从事警政与鉴识工作将近半个世纪,一路走来,历经了无数的艰难和考验,但我始终以'至诚信义'这四个字期许自己,做事情要言而有信,对人则要以诚相待。"

有一次,李昌钰收到美国缅因州警政厅长的邀请,希望能担任该州鉴识实验室主任候选人的主考官,他立刻一口答应了。不料,在面试的前一天,美国东部地区刮起了大风雪,地上一米多厚的积雪将许多道路都封锁了,根本无法通行。遭遇如此恶劣的气候,估计应试者都不会赶去参加面试的,李昌钰的夫人就劝他不要去了。但李昌钰却毫不犹豫地答道:"我认为答应对方的事情就一定要做到,不能任意反悔。"于是他便提早出门了。由于大雪造成严重的交通阻塞,平时只需要五六个小时的车程,结果花了十多个小时才赶到，到达时是清晨8点多钟。上午9点面试正式开始，当李昌钰准时出现在考场时，缅州警政厅长和其他的主考官都吓了一跳！他们原以为远在康州的李昌钰不会冒着恶劣的暴风雪天气赶来的，没有想到李昌钰这么守信，令在场的所有人十分敬佩！

事实上，那天风雪仍然很大，上午面试时，没有一位应试者到场。等到下午，才有一位应试者匆忙赶到。虽然他也提前了一天出发，但因为道路封闭、交通阻塞而没有准时到达。作为主考官的李昌钰认为，这位应试者的资历和水平虽然不是所有人当中最好的，但是他信守承诺，不辞辛苦地开了一天一夜的车子前来面试，其精神可嘉，相信他以后无论碰到任何困难，一定都会努力克服的，因此建议予以录用。最后考官们一致同意，警政厅长当场拍板，采纳了李昌钰的建议。

李昌钰时时事事讲诚信，视诚信为做人处世的准则，虽然有时也会有所失，甚至吃了不少亏，但最终得到的却是社会给予的丰厚回报，一笔金不换的人生财富。

林肯是美国第16任总统，也是深受美国人民爱戴的伟大总统，他从小到大一直表现出令人赞美的诚信品格。

林肯9岁时母亲就去世了，从此他不得不比其他孩子更早地挑起家庭生活的重担：帮助父亲砍树、种田，替邻居做杂活贴补家用。但这并没有影响他从小就爱读书的好习惯。有一天他向邻居借来一本《华盛顿传》，

白天看了，晚上还想继续看。他太疲倦了，看着看着便迷迷糊糊睡着了。醒来时才发现搁在窗台上的书被雨淋湿了。这下怎么向邻居交代呢？他慌忙跑去告诉继母，继母说："如果是你所崇拜的乔治·华盛顿，你想他会怎么做？"林肯顿时恍然大悟，他说："我知道了，我要像华盛顿错砍樱桃树那样，勇敢地向对方认错、道歉！"于是，他到书主家主动要求做三天杂工，书主看他为人诚实守信，不但不生气，还把那本书送给了他。

林肯十几岁时在一家杂货店做过零工。在一个圣诞节的前夜，来杂货店购物的人特别多，林肯既要招呼顾客，又要忙着收钱，甚至还要帮助顾客把买好的东西包好。他忙了一整天后，到了晚上也顾不上休息，帮着清点货物和钱款。结账时，林肯发现多了12美分，以为自己数错了，又仔细数了两遍，结果还是多了12美分。于是，他开始回想一天的经过：汤姆叔叔？爱莉婶婶？格瑞太太？最后，林肯终于想起来了，惭愧地对老板说："我今天太粗心了，多收了格瑞太太12美分，得马上送回去。"老板称赞他做得对，并说："格瑞太太住得远，还是等她下次来买东西时还给她。"可是，林肯却坚持说："今天的事情，一定要今天做完。"说着，他便消失在茫茫夜色中。

林肯27岁时通过考试当上了律师，由于他精通法律，口才好，在当地很有声望，许多人都来找他帮着打官司。但他为当事人辩护有一个条件，就是当事人必须是正义的一方。有许多穷人即使没有钱，林肯也会免费为正义的穷人讨回公道。有一次，一个富人请林肯为他辩护，林肯听了那个人的陈述后说:"很抱歉,我不能替你辩护,因为你的行为是非正义的。"那个人说:"林肯先生,我就是想请你帮我打这场不正义的官司,只要我胜诉,你要多少酬劳都可以。"林肯严肃地说:"案子本身是不公平的,假如我接了你的案子,当我站在法官面前讲话的时候,我会对自己说'林肯,你在撒谎。'谎话只有在丢掉良心的时候,才能大声地说出口,我不能丢掉良心,也不能讲出谎话。所以,请你另请高明,我没有能力为你效劳。"那个人听了,没有再说什么,默默地离开了林肯的办公室。

多少年后,林肯在竞选总统时仍然很讲诚信,对选民不欺骗、不隐瞒。他没有钱,竞选时每到一处,就站在朋友们为他准备的一辆马车上进行演说:"有人写信问我有多少财产,我有一个妻子和一个儿子,都是无价之宝。另外还租有一个办公室,室内有一张桌子、三把椅子、一个书架。架子上的书值得大家一读。我本人又穷又瘦,脸形很长,不会发福。我实在没有什么可依靠的,唯一可依靠的就是你们!"多么诚实而朴素的语言!林肯就是靠着诚信赢得了选民们的拥戴而当选总统的。

一个做人做事都讲究诚信的人,在人们心目中的形象是高大的,获得的社会回报也会是丰厚的,他的人生财富则是无价的。

第二章 干净做人——只留清气满乾坤

要有永不泯灭的良知

我们从事鉴识科学，不能只为有钱人办案，面对没钱没势的弱者，一样要尽最大的努力，锲而不舍地追查出真相。

——李昌钰

良知，是与生俱来的美好人性，也是做人应该坚守的底线。可以说，一个人如果泯灭了良知，人性也就丧失了。李昌钰，这位顶级的鉴识专家，之所以能常年坚持即使半夜三更也要及时赶到案发现场，还要到世界各地指导侦查，其根源应该归结于他有着永不泯灭的社会良知。

美国康州有一座风景优美的德比小城，人口只有3万多，治安状况一直良好，几十年都未发生过凶杀案。可是在1989年8月13日这一天，一位72岁的玛丽老太太，连同46岁的弱智儿子和8岁的外孙女在家中遭到残忍杀害。玛丽老太太的儿子，智商只相当于8岁的孩子，并且双目失明、两耳失聪，但他并没有放弃生活的信心，反而用优美的歌声让家庭充满快乐，每逢总统、州长等重要人物光临小城，他都会受邀献唱。外孙女则活

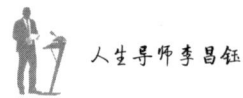

泼可爱，十分讨人喜欢。一家人在小城过着平静的生活，与世无争，人缘很好，不可能有任何仇家。

当李昌钰接手这三代灭门血案时，心中很不平静：玛丽老太太心地善良，含辛茹苦地照顾着弱智的儿子，为何会遭到惨无人道的杀害？永不泯灭的社会良知驱使着他，一定要为社会主持公道，替玛丽老太太找到凶手。他动情地这样说道："看到善良无辜的玛丽老太太被杀害，就会抑制不住内心的愤慨，觉得自己的一生虽然都在忙碌中度过，但是有机会能够替天行道，这些牺牲也是十分值得的。"

李昌钰带领团队经过艰苦的工作，终于收集到大量的物证，最后将凶手绳之以法，使其成为李昌钰以科学证据定罪的第七名死刑罪犯。李昌钰在获得德比当局颁发的最高荣誉奖状时说道："我们勤力侦查，不为了金钱，也不为了荣耀，而是为了社会责任与对人类的贡献。"这里面讲的社会责任，实际上就是社会良知。

良知的力量是无穷的，它使李昌钰进入崇高的境界，让人生更有价值、更有意义。

乔瑟夫·哥勒特·巴卡出生并成长于美国纽约东区的犹太街。他从小目睹周围人遭受疾病缠身的痛苦，立志长大后一定要当一名医生，尽力帮助那些被病痛折磨的人们。父母将希望都放在长子乔瑟夫身上，期待他能当个技师，出人头地，改善家境。18岁那年，他终于说服了父亲，如愿考

第二章　干净做人——只留清气满乾坤

进了贝尔威医学院。在学习中,他了解到医学上的未解之谜太多了,决心要不断研究那些尚无法救治的疾病,从而探求新的治疗方法。

乔瑟夫为了攻克那些无法得到救治的绝症,大学毕业后便选择了美国公众卫生局年薪只有1600美元的职位。在乔瑟夫40岁那年,纽约市政当局聘请他去新建的市保健所担任所长,他却拒绝了。在他看来,帮助人们免除疾病的痛苦,是比赚钱、升官更高贵的事业。永不泯灭的社会良知驱使着他,宁可长期拿着低薪水也要投入对黄热病、猩红热、伤寒、白喉、寄生虫病及意大利麻风病等多种疾病的研究。尤其令人赞叹的是,他在研究中竟然用自己的身体做试验,后来不幸染病而两次几乎丧命。皇天不负有心人,乔瑟夫不顾个人安危,多次深入到意大利麻风病流行的南部地区考察,摸索病因,最后终于找到了有效的治疗方法。之后,乔瑟夫又发现了以他名字的第一个字母命名的维生素C,再一次为人类医药卫生事业作出了不朽贡献。

乔瑟夫的成功,正是出于他有着永不泯灭的社会良知,立志要为人类解除病痛。试想,如果他为了金钱、名誉和地位去做事,还能敢于舍命做试验、搞研究吗?答案当然是否定的。

苏联著名教育家苏霍姆林斯基说过:"有良知的人有责任心和事业心。"可见,良知不但能塑造一个人高尚的人格和责任感,还能为事业取得成功提供巨大的动力和源泉。

023

第三章

勇担责任——吹尽黄沙始到金

我是个中国人,我感到很光荣。我们做中国人的都有一份责任,就是我们怎么样再做一个无形的万里长城,继续保护我们的社会和国家的安全。

——李昌钰

 人生导师李昌钰

责任是凝重的砝码

我回到阔别四十多年的故乡,并没有衣锦还乡的荣誉感,取而代之的是沉重的责任感。

——李昌钰

责任,看似一个很简单的词,但它却凝结着厚重,有着沉甸甸的分量,能称出人生的价值。当我们踏上社会,责任作为一份成年的礼物就已悄然卸落在我们的背上,可能我们要为这份礼物付出很多乃至一切。

李昌钰虽然生活在美国,但他始终没有忘记自己身上流着中国人的血,肩上担负着作为中国人的责任。1985年,李昌钰回到阔别四十多年的故乡,当时他并没有衣锦还乡的荣誉感,反而有一种沉甸甸的责任感。他心里想,自己曾是喝着长江水长大的,应该尽自己的一份力,为祖国、为家乡做些事情,这样才不愧是一位炎黄子孙。

自此之后,李昌钰每年都推掉一些在美国一小时能获得几百美元顾问费的案件咨询或讲学活动,转而利用自己的假期抽空回国,走遍大江南

第三章 勇担责任——吹尽黄沙始到金

北，义务为全国各地的大学和政法等部门演讲或授课。多年来，李昌钰在中国人民大学、北京大学、南开大学、南京大学、浙江大学、深圳大学、福州大学、华中科技大学、西安交通大学、中国人民公安大学、华东政法大学、西南政法大学等几十所大学，以"追逐你的梦想""使不可能成为可能""分享人生哲学与工作经验"等为主题，作了精彩演讲。李昌钰让学子们分享自己的成长经历、人生感悟和创业成功的体会，勉励学子：不要忘记自己是一名中国人，不要忘记中国人的传统和美德；大学生是国家发展的未来和希望，只有努力学习，打实学业功底，才能为社会贡献更多的力量。在场的学子无不被他的睿智、博学、幽默以及独特的个人魅力所深深折服。

李昌钰还精心向我国多地公安人员传授最新的刑事侦查技术，并对一些刑案提供指导，帮助许多青年刑侦人员联系到美国培训。虽然一些美国朋友笑他傻，但他看到中国司法鉴定及刑侦技术赶上国际水平，自己能尽到微绵之力，就有一种自豪的感觉。李昌钰心系祖国，为培养人才倾注了大量心血，1999年受到国家领导人的接见，还获得国务院颁发的"中国政府友谊奖"；2016年又以华东政法大学刑事司法学院名誉院长的身份，获得上海市政府颁发的"白玉兰纪念奖"。

"人们问我从哪里来，我，来自江苏如皋，我，是江苏如皋出生的孩子，我告诉他，这是世界上最美丽的地方。"这几乎是李昌钰每一次演讲的开场白。李昌钰深深地爱着家乡的人、家乡的水、家乡的土，把关注

027

家乡，为家乡现代化建设献计出力作为自己义不容辞的责任。替母亲捐资修建学校运动场、为招商引资穿针牵线、精心培训家乡公安干警、兴建刑侦科学博物馆……一件件事情无不凝聚着李昌钰的大量心血，可谓情深意切！

责任是凝重的砝码，不仅称量做人的品格，还称量做事的态度，它使人变得优秀，使人生变得灿烂。华裔科学家李昌钰是这样，另一位身份特殊的"中国大妈"也是这样。

近年来，有一位在日本已经家喻户晓的"中国大妈"，勇担责任、尽心尽力，用打扫卫生征服了日本，被封为日本的"国宝级匠人"。她叫郭艳春，父亲是战争遗孤，母亲则是中国人，17岁时随家人从沈阳迁往日本生活，在日本名叫新津春子。这位身份特殊的"中国大妈"刚到日本时并没有归属感，总是被周围的人恶语相向，找工作也是受尽欺负，最后不得不做上了唯一肯雇佣她的保洁工作。面积有着76万平方米的东京羽田机场，就是她工作的地方。在这里，她一干就是20多年。人们走进这个有着近90年历史的老机场，根本看不出一点岁月的痕迹。机场大厅干净整齐，明亮得让人耳目一新。不管是高级休息区，还是普通候车室，看起来都是那么整洁、清爽，连淘气的小朋友都喜欢直接躺在地上玩耍。甚至花坛里有一朵凋谢的花也会被及时清走。至于厕所更是干净得令人叹为观止，即使吸烟室的烟灰缸也都明亮得反光。因为超级干净，羽田机场连续四年被评为"世界上最干净的机场"。而这一切的幕后功臣，都归于这位来自中国的大妈。郭艳春生于中国，长于中国，身上带有深深的中国烙印——勤劳、实在、有责任心，这些都成就了她在日本的职业辉煌。

是责任心使得她的双眼如鹰眼，能发现常人不会注意的污渍，比如电视机后盖的角落、烘干机的缝隙；就连一般人看不见的马桶圈内侧，她也会戴上眼镜，利用镜子反射一圈又一圈仔细检查；可以说，凡是经她擦过的瓷砖一点儿污渍都看不到。

是责任心使得她的清洁功夫无人能比，不仅把设施表面看得见的东西清扫干净，平时看不见的部分也成了她的清洁范围，越小的细节她越认真对待。洗手间的干手机，使用后会产生许多细菌和异味，为了不给过敏的人和孩童留下隐患，她特别注意清理干手机底下的排水沟，哪怕每个槽缝很小，也绝不留下任何灰尘。

是责任心使得她对80多种清洁剂的使用方法倒背如流，并能快速分析出污渍产生的原因以及消除方法。比如处理不锈钢饮水台时，必须利用强酸清洗液，她能精准掌握好这种清洗液在不锈钢上的停留时间，使饮水台保持锃亮。难怪许多人评价道："她的工作已经远远超过保洁工的范围，而是在干技术活。"

郭艳春由于工作出色，后来被调到技术监督管理岗位，负责培训机场700名清洁工。每当记者采访她，她总是说："我只是把这里当成是自己的家，所以要好好招待客人，用尽心思，为了让这里的人感受到理所当然

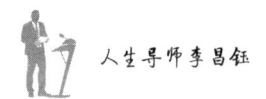

的日常环境，拼尽全力。"

责任是凝重的砝码，能量出一个人的品质、称出一个人的价值，让我们带着责任上路，专心致志地做好每一件事，无悔地走好人生的每一步。

责任是对工作的爱

面对这种日理万机、充满压力的生活,我却一年如一日地乐在其中,丝毫不觉得辛苦,原因何在?因为鉴识工作是我的最爱。

——李昌钰

德国著名诗人、思想家歌德这样定义"责任":"责任就是对自己要求去做的事情有一种爱。"李昌钰有着强烈的工作责任心,他说:"我每天只需要睡4个小时,其余的时间不是在鉴识实验室里、勘查现场工作,就是在授课、演讲。我的工作行程相当忙碌,常常一脑三用、同时开好几个会议,或是得趁着搭车的空档时间审视案件,并且接受案件简报或媒体采访。"问其为什么能如此乐此不疲,他却说:"因为鉴识工作是我的最爱。"李昌钰用自己的行动诠释了歌德对责任的定义。

李昌钰一直认为鉴识工作具有挑战性,可以让自己从中获得更多的知识与成就感,因此总喜欢比别人花更多的时间和精力在上面。他每天早上5点钟起床,先阅读一些与鉴识科学相关的文献,6点钟离家去上班。到了办公室后，他先处理一些日常公务，然后与检察官、警察及其他有关人员开会讨论。遇到有案件需要审判，他会在10点左右到达法庭，有时甚至要在法庭待上一整天。如果没有审判，他就在实验室进行检验或者与相关人员讨论案件及检验进展情况。到了下午5点大家下班了，他才开始进行自己的学术研究工作。夜幕降临了，他还要赶到大学去讲课，晚上11点才会回家。需要一提的是，全天24小时他都要待命，随时准备到案发现场去勘查。

李昌钰将每天的工作行程排得满满的，晚上回到家只要一爬上床，脑袋碰到枕头就立刻呼呼大睡，从来不会有失眠的问题。在他看来，"每天上班是为自己做事，为社会做事，那就愉快多了！"李昌钰将责任与对工作的爱融为一体，已经达到何等高的境界！

中信出版社于2010年7月出版了译著《邮差弗雷德》，该书当初在美国出版后就销售200万册，成为全球企业员工励志经典。在大多数人的眼里，投递邮件的工作繁琐而枯燥，可是作为一名普通的邮差，弗雷德却非常喜欢自己的工作，为了履行自己的一份责任，他很乐意多走一些路，多结交一些新的朋友。

弗雷德听说某小区内有一位叫桑布恩的职业演说家，这位桑先生一年有三分之二的时间出门在外。于是他向桑先生索取一份全年行程表，这令桑先生很奇怪："您有什么用？"他回答道："以便您不在家时，我暂时代为保管您的信件，等您回来再送给您。"桑先生听后很吃惊，因为自己一生中从未碰到过这样的邮差。桑先生回答说："没必要这么麻烦，把信放进信箱就好了，我回来再取也是一样的。"弗雷德解释道："窃贼经常会窥探住户的邮箱，如果发现是满的，就表明主人不在家，那住户的家就可能要遭遇窃贼了。"弗雷德想了想，接着说："这样吧，只要邮箱的盖子还能盖上，我就把信放在里面，别人不会看出你不在家；塞不进邮箱的信件，则搁在房门和屏栅门之间，从外面看不见；如果那里也放满了，我把其他的信留着，等您回来。"桑先生听后十分感动，连连点头。

一身工作服、一个帆布袋，走街串巷，发送邮件。弗雷德的工作却超越了这些，他在传递邮件，履行责任的同时，传递了对职业真诚的敬重，传递了对工作满腔的爱，传递了人与人之间的温暖。

一个人真正成为职场中一分子的时候，责任作为一份礼物已经不知不觉地卸落在你的背上，这份礼物就是对工作的爱，背着它，你会成长得更快。

责任是对承诺的信守

勤力侦查，不为了金钱，也不为了荣耀，而是为了社会责任与对人类的贡献。

——李昌钰

在美国，每年发生1.2万~2.1万件凶杀案，而破案率只有70%左右，还有30%左右的案件破不了，最后成为悬案，又叫"冷案"。美国纽海文大学的"李昌钰鉴识科学研究院"，不但是美国的国家刑案现场调查培训中心，还是美国的国家冷案中心。李昌钰虽然退休了，不再站在第一线从事侦查工作，但他退而不休，依然从事着冷案的处理工作，通过各种先进的分析方法，重新启动调查，想办法找出破案线索，将凶手绳之以法，还受害者家属一个公道。

50多年前美国有一桩凶杀案，一位18岁少女在市内一家购物中心室内停车场，被人在左胸心脏处刺了一刀而死。由于找不到任何线索，这起案件一直未能侦破。过了大约20年，死者的父亲找到李昌钰说："李博士，我已经把自己的家产统统变卖，想尽一切办法，就是要查明真相，找到杀害我女儿的凶手。现在你是我唯一的希望，能不能请你帮帮忙，重新检视这件案子。我这个女儿，我实在不想她这样死得不明不白！"李昌钰非常同情这位父亲多年来内心所承受的煎熬，答应了他的请求，并立刻联络当地的警察局长和检察官，希望能重新检验在案发现场所采集到的物证。李昌钰率领团队死马当活马医，用新研发的化学药剂与激光，终于采到半枚可比对的潜伏指纹。可是，当时在全美国的指纹数据库里却找不到相符的指纹。

尽管李昌钰平时要处理许许多多的案件，但他心中一直惦记着这桩少女凶杀案，那半枚指纹也始终保存在他们的档案里。又过了10年，死者的父亲病重住院期间给李昌钰打来电话说："李博士，医生说我的病情很不乐观，可能活不了多久了！我这一死，家里就没有其他人了，希望你不要忘记我女儿被谋杀的这个案子，一定要让案情水落石出！"李昌钰的心情也很沉重，郑重地回答道："我了解，请你好好保重，你女儿的案子我绝对不会忘记的！"再又过了两年，嫌疑指纹的主人因殴打女性被逮捕。李昌钰从证物室里取出当年遗留在现场的手帕，尽管已经坑坑洞洞，但仍不死心，将仅存的一点点鼻涕，通过DNA化验，确认与半枚指纹的主人为同一人。至此，这个悬宕了几十年的冷案终于得到侦破。李昌钰用30年锲而不舍的努力，践行了对承诺的信守，可谓"铁肩担道义，责任重如山"。

20世纪初，一位叫弗兰克的意大利移民，经过艰苦的努力，在美国开办了一家小银行。令人想不到的是，一次银行遭劫，使他彻底破产了，储户亦失去了存款。厄运没有使他倒下，他决心带着妻子和儿女从头开始，承诺将存款如数偿还给储户。周围的人都劝他："你为什么要这样做呢？这件事你是没有责任的。"但他却毫不犹豫地回答道："是的，法律上也许我没有责任，但在道义上，我有责任，我应该还钱。"就这样，弗兰克和全家人拼命努力，过了30年的艰苦生活，最终偿还了全部存款。弗兰克在寄出最后一笔"债"时，轻叹道："现在我终于无债一身轻了！"

弗兰克用一生的辛酸和汗水工工整整地写出了两个大字："责任"。他始终信守承诺，寄出的不是一笔笔的债，而是一颗颗闪光的心。他勇于担当，无论吃多大的苦，即便是还债，也无悔无憾，多么高尚的人格，令人钦佩！

对承诺的信守，是一种责任，也是一种担当、一种约束、一种动力、一种魅力，最终带给我们的是人格的伟大、精神的升华。

第四章

坚守德行——洁白莫为枝上雪

匆匆来到这个世界上到底是为了什么？有些人为了利，整天做钱的奴隶；有些人为了名，整天奔波不停；有些人为了权势，绞尽脑汁；有些人有了钱、有了名、有了势，但是仍不肯松手。为什么人要这样自私？正是因为许多人自私自利，所以带来诸多的社会问题。

——李昌钰

用善行和爱心书写人生

人一定要行善,地上种了菜,就不会长草;心中有了善,就不会生恶。

——李昌钰

李昌钰出生在传统的中国家庭,母亲的勤劳、善良,从小就在李昌钰身上打下了烙印。李昌钰的父亲常年在外经商,无暇顾及家庭,家里的一切事情全靠他的母亲打理。无论在老家如皋,还是后来搬迁到上海,只要有亲朋好友遇到困难而登门求助,他的母亲都会来者不拒,尽力接济。即使后来定居到美国,母亲仍然常常叮嘱李昌钰:做什么事情不要只为自己,要为未来的中国人打开一条道路。尤其令人感动的是,在她老人家百岁寿辰时,当李昌钰的兄弟姐妹问她要什么礼物时,她毫不迟疑地说:"要为家乡的孩子作点贡献。"李昌钰立刻照办,利用回国讲学之际,特地回到家乡,用母亲李王岸佛的名义,向如皋师范学校附属小学捐资助建了一座运动场,以贺"附小"百年校庆,并将母亲的大爱遗留给了后世。

母亲的善行和爱心影响了李昌钰的一生，他追寻着生命的意义远远高于金钱、名誉和地位。许多朋友看着李昌钰到处奔波，终日为讲学、办案忙个不停，还要到世界各地去侦办案件、传授刑事科学新知并教育下一代，他们都问李昌钰："李博士，您一生这么忙碌，为的是什么？"李昌钰这样回答道：

"自己一生虽然都在忙碌中度过，但是有机会能够替天行道，这些牺牲也是十分值得的。"

"我在全世界都有学生，是最令我感到快乐的事情。"

"回顾这几十年的教学生涯，我很开心能贡献出一己之力，培养了这么多优秀的鉴识人才，将这门学科发扬光大。"

李昌钰不断追求着远远高于金钱的人生境界，他多次说过，自己所做的一切并不是为了钱。1998年，美国康州州长请他出任警政厅厅长，虽然厅长的薪水比当首席鉴识专家少了一半，责任却大了很多，但能为在美国的华人进入主流社会开创一条出路，他还是答应了。他有着"视名利为浮云"的个性，金钱对他来说不是衡量是否做一件事的标准。当年他放弃前途似锦的学术研究道路，是因为鉴识科学是他人生中最重要的目标；离开单纯稳定的大学教职，出任康州刑事科学实验室主任，也是因为能够替在美国的华人扬眉吐气。李昌钰是在用善德诠释着生命的意义。

有一个美国黑人与日本人的混血儿，名字叫乔治。他在17岁那年，因为对生活失去了信心便投海自杀，后来被警察救起。一位日本老太太看到这则新闻后，决定到警察局与这位少年见面。老太太先是亲切地叫了声"孩子"，但乔治扭过头去，全然不理。接着老太太又用安详而柔和的语调说："孩子，你可知道，你生来就是要为这个世界做些除了你没有人能够办到的事吗？"她缓和地反复说了好几遍后，那少年回过头来，问道："你说的是像我这样一个连父母都没有的黑人孩子吗？"老太太微微地点着头说："对！正因为你没有父母，肤色是黑的，所以你能做些了不起的事情。"少年冷笑道："哼，你想我会相信这一套？"后来，老太太把乔治带回到自己的小茶园，教他如何干活并不停地开导他，这才使他逐步地平静下来。随后，老太太给乔治一些生长较快的萝卜种子，果然10天后种子就发芽了，这使乔治十分得意，他便用竹子自制了一支横笛，吹奏起来。老太太听后高兴地称赞道："乔治，你吹的笛子真好听！除了你，从来没有人为我吹过笛子。"

乔治在老太太家过得很自在，也感受到生活中的乐趣，老太太便把他送到高中读书。乔治在读书之余，继续在茶园里帮老太太做零活。乔治高中毕业后，白天在地铁工地做工，晚上到大学夜校部学习。他攻读完学业后，自主选择到一所盲人学校任教，只想用自己的一颗爱心呵护着那些失明的孩子。"现在我已经相信，真有别人不能做而只有我才能做的事情了。"乔治对老太太感激地说。老太太点点头说："只有真正了解别人痛苦的人，才能尽心为别人做美好的事。你17岁那年大声呐喊地说，你想要的根本不存在，也不可能得到，但是后来你得到了，自己也有了爱心。"乔治心悦诚服地点点头，老太太意犹未尽地继续说道："要懂得帮助别人，等你从别人脸上看到感激的表情，甚至像我这样行将就木的人，也会领悟到活下去的意义。"老太太同样用爱心诠释着生命的意义。

显赫的地位、荣耀的声名、巨额的财富，这些都是身外之物、过眼烟云，唯有善行和爱心与天地同在，滋润人间。

做个受人尊重的人

靠权势和钱财得来的尊重是假的、短暂的,唯有以自己的做人处世态度赢得他人的尊重才是永恒的。

——李昌钰

李昌钰在几十年的职业生涯中做了许许多多工作,从第一线的警察、实验室化验员、大学教授、鉴识专家到警政厅长,角色从儿子、丈夫、父亲、祖父到朋友,无论做什么,他都尽力把事情做到最好。此外,他能秉持着同理心,换位思考,试着从别人的角度去想事情,体谅别人,并且保持客观公正的立场,不受威胁利诱。因此,他赢得了人们的尊重,赢得了媒体的尊重,赢得了主流社会的尊重。

20世纪70年代,美国的社会环境很特殊,歧视有色人种,尤其认为华人只会做饭、开洗衣店。当时全美所有的刑事鉴定中心都是白人主管,法医学领域更是没有东方人。李昌钰认为做刑事鉴定这一行,要求思维周密、反应快。语言能力强,还得面对法官论辩,这是一个很大的挑战。对

第四章 坚守德行——洁白莫为枝上雪

他而言，挑战性越强，反而越喜欢。

李昌钰在破案的时候，总是与第一线的鉴识人员一同赶到现场，采证、化验；如果遇到情况特殊或者危险的案子，他甚至带头第一个冲，绝不让下属独自承担风险。在美国，刑事鉴定中心的主任一般都不会自己做试验，而李昌钰却不一样，不但自己做，还会带领团队一起做。他认为："不管任何行业，如果单靠一个人的力量是绝对成不了事的，需要一个好的团队，一起同心协力地打拼才行。"因此，面对媒体的赞誉，他总是再三强调："我不是一个人在工作，而是一个团队。"李昌钰起着很好的表率作用，赢得团队所有人发自内心的尊重。

李昌钰做刑侦工作一直坚持客观公正，办案不预设立场，一切让证据说话。他的原则是：在工作上，除了搜集对被告不利的证据外，一旦发现有利于被告的反证，同样要据实以告。如果遇到证据不明确、无法解释的状况时，就必须诚实地说"我不知道"，等待以后找到更多证据时，再下结论。例如1994年发生的"辛普森杀妻案"震惊了全美，被公认为"世纪大审判。"当时，著名足球明星辛普森被指控杀害前妻和她的男友而被捕。因为辛普森的黑人身份，一开始80%的白人认为他有罪，而80%的黑人认为他无罪，一时引起了美国黑白种族之间的对立。尽管外边的新闻对此案炒得沸沸扬扬，警方也承受着来自四面八方的压力，但李昌钰接手时就明确表示："身为科学家，我当专家证人有一个原则：无论是为检方或辩方作证，我都只为证据说话，不会针对是否有罪下任何判断。"此后，

043

李昌钰通过严密的科学鉴定，最终通过还原真实，使检方撤销了对辛普森的刑事起诉。李昌钰也以做人端正、行事公正的人格魅力，赢得了黑人和白人的一致尊重。

李昌钰做刑侦鉴识工作始终保持独立的个性，从来不被他人所左右。尤其在办案时，尽量不用当地人，免得牵涉到人情之中而影响办案质量。时间长了，公众都非常敬重他这样做，从而获得极好的社会口碑。他为州政府工作了30年，经历过五任州长，每一次只要新州长上任，都要换大部分高级官员，改派自己的人马。可是他们对李昌钰却是例外，每次接任的州长总是挽留李昌钰，可见李昌钰在美国警界受尊重的程度无人能比。

一个人只有懂得尊重自己，也尊重别人，才会受到他人的尊重；反之，既不懂得尊重自己，也不尊重别人，终将得不到他人的尊重。下面一例足以能说明这个道理。

在美国纽约曼哈顿，有一家著名企业"巨象集团"。一天，一位40多岁的中年妇女领着一个10多岁的男孩走进巨象集团总部楼下的花园，在一张长椅上坐了下来。她似乎很生气，不停地对男孩说着什么，不远处有一位头发花白的老人正在修剪低矮灌木。

忽然，中年女人从随身的挎包里拉出一团卫生纸，一甩手将它扔到老人刚修剪过的灌木上。老人诧异地转过头来朝这位女士看了一眼，女人也满不在乎地看着他。老人什么话也没有说，走过来捡起那团卫生纸并把它扔进了一旁的垃圾筒。过了一会儿，女人又拉出一团卫生纸扔了过来，老人再次把这团卫生纸扔进垃圾筒，然后回到原处继续工作。可是老人刚拿起剪刀，第三团卫生纸又被扔到了灌木上。就这样，老人一连捡了那个女人扔过来的六团卫生纸，但他丝毫没有露出任何不满和厌烦的神色。

"你看见了吧！"中年女人指了指修剪灌木的老人，对男孩大声说道："我希望你明白，你如果现在不好好学习，将来就会跟他一样没有出息，只能做这种卑微、低贱的工作！"老人听后放下剪刀走过来，对中年女人说："夫人，这里是巨象集团的私家花园，按规定只有集团的员工才可以进来。"女人掏出一张证件，朝老人晃了晃，高傲地说："我是巨象集团的部门经理，就在这座大厦里工作。"老人很有礼貌地说："我能借你的手机用一下吗？"女人很不情愿地把手机递给老人，同时又不失时机地教导儿子："你看这些穷人，这么大年纪了连部手机也买不起，你今后一定要努力啊！"

老人打完电话后把手机还给了中年女人，很快一名男子匆匆走过来，恭恭敬敬地站在老人面前。老人对男子说："我现在提议免去这位女士在巨象集团的职务！""是，我立刻按您的指示去办！"男子连声答道。老人吩咐完后径直朝小男孩走去，伸手抚摸了一下男孩的头，语重心长地说："我希望你明白，虽然你要学习的东西很多，但在这个世界上，最重要的是要学会尊重每一个人！"说完，老人缓缓朝大厦走去。

中年女人被眼前骤然发生的事情惊呆了，她知道那名男子是巨象集团

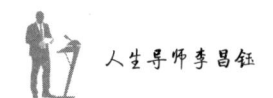

人力资源部的高级职员。"你……你怎么会对这个老园丁那么尊敬?"她大感不解地问。"你说什么?老园丁?他是集团总裁詹姆斯先生!"中年女人听后一下子瘫坐在长椅上,她望着那位老人渐渐远去的背影,好久都没有回过神来。

人不如己,尊重别人;己不如人,尊重自己。无论身处何处、何位,尊重别人与尊重自己一样重要。一个人只有懂得尊重别人,才能赢得别人真正的尊重。

做个淡泊名利的人

我一向对名利看得很开,不眷恋那些随着成功而来的名利和权势。对我来说,名跟利是身外之物,生不带来,死不带去。

——李昌钰

李昌钰于2011年10月18日在我国南昌讲学时坦言道:"我是一个很普通的人,'现场之王''当代福尔摩斯'这些头衔都是记者、社会大众给我的。像福尔摩斯,就是一个虚构的人物,而我是一个实实在在的人。称不上'现场之王',大家都是一样的,只是我看的现场比较多一点,现场是一个大家一起合作的平台。"

几十年来,李昌钰一直作为一个普通的人、一个实实在在的人,活跃在鉴识科学领域。他喜欢破案、喜欢教学、喜欢培训人才,就是不喜欢做官。1998年当他准备从康州刑事科学实验室主任一职退休时,接到州长的请求,希望他出任警政厅厅长,他拒绝了。后来,州长急中生智找到李昌钰最孝顺的人——母亲,请她帮忙说服李昌钰。李昌钰在母亲的劝说和朋友的鼓励下，才答应接下警政厅厅长的工作，成为美国有史以来第一位担任警政界最高职位的华人。

李昌钰在警政厅工作的两年间，对警政厅进行了全面改革，完成了当初订立的20多个目标，使民众重新找回了对康州司法的信心。就在所有媒体都在称赞李昌钰是最好的警政厅厅长时，他向州长提出了请辞，希望重新回到办案和教学岗位。当时许多人都无法理解："你的厅长做得好好的，又受到社会、民众与媒体的肯定，为何要选择离职？"州长更是极力挽留他。李昌钰告诉州长："我已经帮你重振警政部门的士气，全州的治安也大为改观，并且赢回社会大众对司法与警察的信任，接下来我要回去做自己最喜爱的鉴识科学工作！"李昌钰本来对当官就不感兴趣，他说："当初接下厅长职务，只是因为想要替中国人在以白人为主的美国社会打开一条新的出路，破除那层看不见的'玻璃天花板'，既然目标已经实现，就要懂得急流勇退。"

李昌钰从厅长的位子上退下来后，州长请他继续担任荣誉厅长，主管鉴识科学，并允诺每年支付他18万美元的薪资。与此同时，李昌钰看到有些刚从学校毕业或是结婚没多久的同事，因为裁员一时之间面临着失去工作的窘境，于是找州长商量："州长，我已经退休，不需要再拿薪水了，请保留那些人的工作机会吧！"州长回答道："那不行，我请你工作却没付薪水，这可说不过去！"李昌钰最后说道："那就给我一块钱吧！"在李昌钰的坚持下，州长答应了他的请求，而那些原本面临失去工作的员工，也得以保住了饭碗。李昌钰淡泊名利的风范很快被媒体传为佳话，并被称为"最有价值的一元先生"。

居里夫人天下闻名，一生中获得10项奖金、16枚奖章、104个名誉头衔，两次获得诺贝尔奖，但她对这些全不在意。有一天，她的一位朋友到她家做客，忽然看到她的小女儿正在玩着英国皇家学会刚刚颁发给她的金质奖章，于是惊讶地说："居里夫人，得到一枚英国皇家学会的奖章是极高的荣誉，你怎么能给孩子玩呢？"居里夫人笑了笑说："我是想让孩子从小就知道，荣誉就像玩具，只能玩玩而已，绝不能看得太重，否则就将一事无成。"

居里夫妇是将自己的一切都奉献给科学事业的伟大科学家。1902年当他们发现了放射性新元素钋和镭，开辟了放射化学新领域的时候，英国赠予了第一枚奖章。1903年英国皇家学会邀请他们到伦敦讲学，并授予皇家学会的最高荣誉——戴维奖章。1903年年底，居里夫妇和贝克勒尔一起被授予诺贝尔物理学奖。伴随着荣誉而来的是繁忙的社交活动和频频的记者采访，他们的工作和生活以至女儿都成为新闻，成为酒馆里的谈资。对此，他们感到十分烦恼和不安，因为他们需要的是安静、是继续工作，而不是骚扰。于是，他们不得不像逃难者似的，化装躲到偏僻的乡村去。当一位美国记者机警地找到他们后，居里夫人很坦率地告诉他："在科学上，我们应该注意事，不应该注意人。"

当一些要在美国创立制镭业的技师，希望居里夫妇申请发明专利时，居里夫妇却公开声明道："我们不想由于这项发现而取得物质上的利益，因此我们不去申请专利，并将毫无保留地发表我们的研究成果，包括制镭的技术。如果有人对镭感兴趣而请求我们指导，我们将详细地加以介绍。这样做，对于制镭业的发展将有很大好处，它可以在法国和其他国家得到自由发展，并以其产品供给需要镭的学者和医生使用。"居里夫妇淡泊名利，把自己的科研成果看作全人类的共同财富，展现了高尚的情操和博大的胸怀！

科学巨匠爱因斯坦曾对居里夫人这样评价道："在我所认识的所有著名人物里面，居里夫人是唯一不为盛名所颠倒的人。"

淡泊名利是一个人的修养，是一种灵魂的典雅。古往今来，凡是事业有成的大家都是淡泊名利的人，他们一方面能够享受心如止水的快乐，另一方面也能水到渠成地获得惊人的成就。可见，淡泊名利，是人生追求的一种佳境。

第五章

自主选择——春来微径总堪行

人在一生当中会不断地为前途作出抉择，就如走路一样，每走一段路就会遇到交叉路，要学会选择往哪个方向前进。

——李昌钰

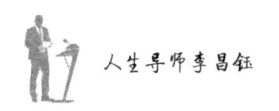

把握好每一次的选择

你站在什么起点不重要,你在人生的抉择点做出什么选择很重要!

——李昌钰

人生是一个不断选择的过程,从衣、食、住、行,到上学、工作、恋爱、结婚、生育,始终离不开选择,选择有大、有小,有对、有错,累积起来则会影响到人生的结果。

李昌钰的人生之路同样经历了无数的选择,但有几次重大选择,却决定了他的人生走向。他在读中学时,很想当一名篮球运动员,一有机会就往篮球场上跑。当校篮球队招考队员时,他信心满满地前去报考。教练看到他个头不高,显得瘦小,一副营养不良的样子,不好意思直接拒绝,便叫他回去多练身体、多喝牛奶,等长到一米八的个子再来。于是,他央求母亲多买牛奶,一有时间就猛跳绳、跑操场,可是几个月下来身高并没有增加,这使他渐渐知道,每个人都有体能上的限制,自己可能不是打篮球的料。当他意识到打篮球这条路走不通时,便不再老往篮球场上跑,而是加倍努力，备战高考，后来被海事学院录取，这是他在人生路上作出的第一次重大选择。

李昌钰进入海事学院读了一个星期后，得知警官学校公开对外招考，这对他很有吸引力。因为念警校不用缴学费，每个月还提供生活津贴和伙食，毕业后可以直接分配，工作稳定。而他当时的家庭经济状况并不好，不想因自己的学费和生活开销再给家里带来压力，于是他在家人对警政工作不理解的情况下，大胆地作出报考警校的选择并以出色的成绩被录取，从而成为他投身警政的开始。这是他在人生路上作出的第二次重大选择。

李昌钰从警校毕业后，被分配到台北市警察局外事室工作。在那里，他认识了一位前来补办签证延期的台湾师范大学马来西亚侨生，名叫宋妙娟，彼此交往了一段时间后，确认了对方就是自己想要携手共度一生的伴侣。李昌钰与宋妙娟结为伉俪，这是他在人生路上作出的第三次重大选择。每当李昌钰回忆起自己的婚恋经历，总是这样勉励年轻人："在选择人生最重要的另一半时，一定要找一个彼此谈得来，并且全心全意支持你的人。"

李昌钰为了让岳父放心，婚后两人移居到马来西亚沙捞越。在沙捞越，李昌钰担任《华联日报》总编辑，宋妙娟担任当地妇女部部长，两人都有不错的发展。但是，李昌钰来到沙捞越只是为了达成岳父的期望，并不打算长期居住。在他心中，赴美求学深造才是人生中最重要的目标，是他的梦想，也是曾经对母亲许下的承诺。因此，在马来西亚定居两年之

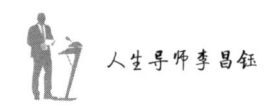

后，27岁的李昌钰毅然决定放下已经打下的事业基础，携夫人远渡重洋闯荡美国。他们为了出国，几乎花光了所有的积蓄，买了两张机票，抵达纽约时，口袋里只剩下50美元。这是李昌钰在人生路上作出的第四次重大选择。

有一次，沙捞越医院院长到纽约出差，顺道探望李昌钰夫妇。当他看到屋里只有一张书桌、一张床以及简陋的家具时，不禁感叹道："想当初你们在马来西亚发展顺遂，前途一片光明，为何要自讨苦吃，跑来受苦？难道你不愿意在小池塘当一条大鱼，反倒要在大池塘里做一只小虾米？"李昌钰笑答道："与其在小池塘当大鱼，我宁愿到大池塘里当虾米。虽然我们在沙捞越的物质生活相当优渥，也受到当地外国人及侨界人士的敬重，但是华人在马来西亚往往空有经济实力，在政治和社会地位方面却饱受歧视与排挤，长远来看，发展有限。所以我愿意放弃一切，来到美国重新开始。"从这一段对白，我们不难理解，为什么李昌钰到了美国后，仍然能够审时度势地把握好人生路上的一次次重大选择，从而能在四年半完成大学及硕博士课程，让不可能成为可能；能担任纽海文大学刑事科学系主任，成为终身教授；能出任美国康州刑事科学实验室主任，成为首席鉴识专家；能出任美国康州警政厅厅长，成为美国有史以来第一位华人厅长。

在古希腊哲学家苏格拉底当老师的时候，有几个学生向他请教人生的真谛。苏格拉底把学生们带到果树林边，这时正是果实长熟的季节，沉甸甸的果子十分诱人。

"你们各自顺着一行果树，从这头到那头，每人摘下一只自己认为最大最好的果子，不许走回头路，不许重新作出选择。"苏格拉底吩咐说。

学生们在穿过果树林的过程中，都很认真地进行着选择，待学生们到达果树林的另一头时，苏格拉底已经在那里等候了。

"你们是否都选择了自己满意的果子？"苏格拉底再次问。

学生们互相看着，谁也不肯回答。

"孩子们，怎么了？你们对自己的选择满意吗？"苏格拉底再次问。

"老师，让我们重新选择一次吧！"其中一位学生请求道，"我一走进果树林就发现一个很大很好的果子，但是我还是想找到一个更大更好的，可是当我走到尽头时，才发现第一次看到的那只果子就是最大最好的。"

另一个学生接着说："我和他恰巧相反，我走进果树林不久就摘了一只自认为最大最好的果子，可是后来我发现，与我摘下的那只相比，果树林里更大更好的果子多的是。老师，请让我也能重新选择一次吧！"

"老师，让我们都重新选择一次吧！"其他学生也异口同声地提出了请求。

苏格拉底坚定地摇了摇头说："孩子们，没有重新选择的机会，时光不能倒流，人生就是如此。"

在上面这则故事中，有的学生选择了虽然不是最大最好的，但还是拥

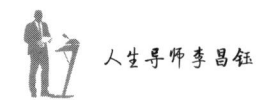

有了果子，可是有的学生选择时抱有患得患失的心理，结果两手空空，什么也没有得到。可见人生之路也是如此，虽然有很多选择的机会，但是把握不好的话，就有可能会错过，甚至永远不会再有。

人生犹如一杯咖啡，苦中渗甜、甜中透苦，将人生百味都溶于其中。糖是甜的，咖啡是苦的，我们无法改变，但我们可以选择改变它们的用量来调好我们这杯人生咖啡的味，让它散发出自己独特的味道。

第五章　自主选择——春来微径总堪行

选择适合自己的路

人的这一辈子最难的就是认清自己：认清自己到底适合做什么，认清自己到底想要做什么。太多人从来就没有明白这两件事，稀里糊涂地就把这辈子过完了，当然成功也就无从谈起。

——李昌钰

李昌钰最初的梦想是要当一名篮球运动员，但是经过努力发现不是那块料，就及时改弦易辙了，选择了读警校。如果当年他不顾自身条件，非要打篮球不可，那么这个世界就会多一名平庸的篮球运动员，而少一名出色的国际级神探。

李昌钰当年舍弃了在马来西亚沙捞越安逸的生活，选择赴美留学，这样的决定曾让他的岳父、岳母以及周围的朋友觉得遗憾。如果他当时不下定决心离开舒适圈，就不会成为美国这个"大池塘"中的一条大鱼。

50多年前，李昌钰带着两只箱子，怀揣50美元赴美留学。他根据家庭条件、经济状况，并不是走的全职就读之路，而是选择了适合自己的半工半读，即白天工作、晚上读书。兼顾工作和学习是非常辛苦的，他当过化验员、端过盘子、教过中国功夫。在兼职三份工作的情况下拼命苦读。他从读语言开始，历经十年寒窗，终于修完了大学课程，拿到了硕士、博士学位。

李昌钰取得了博士学位后，家人、导师、朋友都劝他继续从事生物化学的研究，但他对当时看来还是冷门的鉴识科学更感兴趣，觉得更适合自己。于是他根据自己的能力和爱好，选择了刚刚起步的鉴识科学，以至后来成为鉴识科学领域中开拓性的、里程碑式的人物。

李昌钰担任美国康州警政厅厅长两年期满后，提交了辞呈，选择重回学校教书，做自己最喜爱的鉴识科学工作。他使纽海文大学新成立的"李昌钰鉴识科学研究院"成为美国国家刑案现场调查培训中心，让世界各地的鉴识人员都有机会来这里研究、进修。他希望这些人结训后回到自己的国家，每个人只要每个月多破一个案件，每年就可以多侦破上百甚至上千件的案子，这对社会来说会有多大的帮助！

李昌钰的成功就在于他能认清自己适合做什么，因此在人生的关键点上就能选择适合自己的路，这充分体现了他的人生智慧。

入选"中国改革开放40年海归40人榜单"的李开复，是一位信息产业的经理人、创业者和电脑科学的研究者。他的成功应该归结于选择了一条适合自己的路。

美国哥伦比亚大学的法律专业在全美国排名前三位，从这里毕业后从事律师工作，将是一个很体面、很有前途的职业。李开复考上了哥伦比亚大学法律专业后，发现自己并不喜欢法律，上专业课时根本提不起精神，有时甚至想把枯燥的课本扔到老师身上。但此时，他却喜欢上了计算机，每天热衷于疯狂地编程。老师和周围的同学对他"不务正业"的举动非常惊讶。在大学二年级的一天，李开复作了一个重大的人生选择：放弃此前在法律专业已经修完的学分，转入该校并不知名的计算机系。

那时候的计算机还属于新事物，社会上并没有出现"计算机科学家"这类人。而哥伦比亚大学计算机系也只是刚刚建立，学生还不到30名。从社会上受人尊敬的律师到一个前程不明的"计算机工作者"，这令他的朋友们不可思议，纷纷劝他谨慎考虑，三思而后行。而李开复心想：这样的选择也许人生只有一次，一辈子从事一种没有激情的工作，将会付出更大的代价。

李开复如愿转入计算机系。谁也没有想到，他一进入计算机领域，便如鱼得水，充满了激情。毕业后，他又进入卡内基梅隆大学，继续攻读计算机专业硕士和博士学位。后来，他创造性地运用统计学原理开发出世界上第一个"非特定人连续语音识别系统"，被《商业周刊》授予当年"最重要科学创新奖"。他加盟微软，创建了微软中国研究院，两年后担任微软全球副总裁。他加盟谷歌，出任谷歌全球副总裁和大中华区总裁。他创办创新工场，任董事长兼首席执行官。他创建北京前沿国际人工智能研究

院并成为首任院长。

人生是一段有着优美风景的旅程，只有选择适合自己的路，才是最好的路。正如罗马诗人奥维德所言："认识自己，找准自己的位置，是生命焕发光彩的前提。"

只要努力就有机会

一个人只有努力了，才有机会。

——李昌钰

在现实生活中，机会与选择并存，一旦机会来了，就要果断选择。殊不知，机会可遇不可求，人们无法预知它到来的时间，但有一点是肯定的，只要努力行动了，就会有机会；如果守株待兔，就会失去机会。

李昌钰当年选择警官学校的时候，有六七万人报名，但只招收50名，竞争非常激烈，他努力应考，最终以优异成绩被录取了。

李昌钰在警校每天6点就得起床，5分钟洗漱整理完毕，接着出操训练体能。他除了喜爱篮球运动以外，还积极参加包括柔道、摔跤和武术等内容的体育活动。他为了训练自己的口才，主动参加校内外大大小小的演讲比赛；为了掌握好英语，一有空就猛背英语单词；为了多积累些知识，别人都熄灯睡觉了，他独自一人常常到厕所（有灯）去看书。

李昌钰在警校求学时就喜欢写文章，并且投稿到《警民报导》《亲民

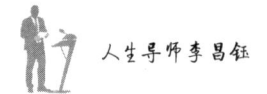

半月刊》等警察刊物，还会收到一大笔稿费，这对当时生活很拮据的他，可以说是雪中送炭。后来愈写愈多，写作也从业余爱好变成了副业。

李昌钰回忆起警校生涯，总是这样说道："在警校念书的这段日子对我的人生产生了重大的影响，它奠定了我日后良好的工作习惯和生活态度。"也可以这样说，李昌钰正因为有了在警校的努力，才给日后选择在马来西亚沙捞越立足，选择闯荡纽约走半工半读留学之路，提供了机会。

李昌钰在沙捞越，凭着在警校练就的写作基本功，顺利地被《华联日报》聘为记者。他又因能写散文和评论，并意外地获得好评，不久就升任为总编辑。他在沙捞越生活了仅有两年，就已经打下了事业的基础。

李昌钰刚踏上纽约这块陌生的土地时，是他生活最艰苦的时候。夫妇俩找了一间简陋而狭小的房子栖身，购买了一些生活必需品后，口袋里的钱所剩无几。为了支撑生计，李昌钰凭着在警校锻炼出来的好身体和掌握的武术，白天到纽约大学的实验室洗试管，晚上到中国餐馆端盘子，周末则去武术馆教老美中国功夫。偶尔有其他挣钱的机会，他也绝不放过，比如替人拔草、扫地，担任管家、司机、警卫等。李昌钰是个有心人，他还利用打工的机会，抓紧练习口语，加强自己的听说能力，真是一举两得。

李昌钰拿到生物化学博士学位以后，得知纽海文大学鉴识科学系正在招聘一名助理教授。面对天赐良缘的好机会，李昌钰认为这是一个很好的起跑点，因此带着相关资料和论文前去应聘。校方认为他的学历、学术成果相当优秀，符合招聘要求，但甄选委员会对其语言能力持怀疑态度。后来，校方安排他与另一位白人试教，结果全部的学生都把票投给了他，他才得以被校方录取。

一位诗人说过："实力就是机会。"李昌钰一路走来正是凭着他不懈的努力积聚了实力，才有了一个个可供自己选择的机会。试想，如果他没有当初的努力，就不会有以后的实力，机会还会青睐于他吗？

"狮王"是日本著名的牙刷品牌之一。有一天早晨，狮王公司的职员加藤信三为了赶去上班，急急忙忙刷牙，由于用力过猛，牙龈被刷出了许多血。牙刷已经不止一次地把他的牙龈弄出了血，不由得怒气冲冲，怀着一种坏心情走出了家门，一路上他仍然是一肚子的牢骚和不满，打算到公司后向有关技术部门发一通火。

加藤信三快进公司大门的时候，脚步渐渐放慢了。他想起了曾在公司组织的管理科学学习班上记住的一句名言："当你遇到不满情绪的时候，要认识到正有无穷无尽新的天地等待你去开发。"等到心头上的火气平息下去后，他便和几位同事提及早上的不愉快，并讨论出一些解决问题的好办法，比如改变牙刷毛的质地、改进牙刷的造型、重新设计牙刷毛的排列等。经过认真论证，他们便开始逐一进行试验。在试验中，加藤信三发现了一个被常人所忽略的细节：在放大镜下，牙刷毛的顶端由于被机器切割都呈锐利的直角，就像锋利的刀片。他想，如果通过一道工序，把这些直角锉成圆形，问题岂不解决了！思路打开了，他反复试验，终于取得了成效：牙刷毛在保证清洁力的同时对牙齿牙龈更加柔和，而不易造成伤害。后来，他正式向公司提出了改变牙刷毛形状的创新建议，并得到了采纳。加藤信三对刷牙时牙龈出血的问题，不是熟视无睹，而是设法努力解决，机会垂青于他也就成了很自然的事了。

改进后的狮王牌牙刷在广告媒介的作用下，销路极好，连续畅销十多年之久，销量占到全国同类产品的40%左右。加藤信三也从一位普通职员升迁为主管，后来晋升为董事，直接参与公司的高层管理。

一个人不管地位如何，只要够努力、够用功，有准备，就有机会成为金子，就有化腐朽为神奇的可能。

第六章

贵在勤奋——梅花香自苦寒来

我知道不能因为自己的肤色而被人排拒在美国主流的刑事鉴识之外，我暗下决心，一定要更努力，花更多精力做出些成绩来，让别人对我这位黄皮肤的中国人另眼相看。

——李昌钰

勤奋积累方能聚沙成塔

人的一辈子很长，成就其实是一步一步累积起来的。我相信，一天走一小步，持续不懈地前进，就能完成许多梦想。

——李昌钰

李昌钰是一个非常勤奋的人。他经手过8000多个案件，退休过3次，但依然一天工作14个小时，每天的工作安排得满满的，演讲邀约甚至要排到几年以后。有谁想到，像他这样的大忙人，至今已经出了将近40种书，有英文也有中文书；还在美国电视台主演过36集探案实录。

有人问李昌钰："你每天事情这么多、行程这么满，哪有时间坐在书桌前好好地写完一本书？"李昌钰笑着说："老实讲，写书这件事并不太难。我并不是个天才，天才完成一本书，或许只需要十天、半个月；我说的不难，指的是每天只要写一页，一年365天就有365页，闰年的时候还会再多一页，一天写一页，一点都不难吧？"李昌钰无论坐在飞机上，还是住在宾馆里，都没有忘记动笔，用持之以恒的行动证明自己说过的一句话:"每天做一点,聚沙成塔。"

李昌钰的勤奋不仅体现在破案、写书上,还体现在看书上。无论每天工作得多晚,回家后吃完饭、洗完澡后,总要坐下来看看书,即使只读一页也好,甚至在家上厕所时也会看书。在他看来,每天日积月累,就可以学到很多知识,只要不断地学习,持续进步一些些,就可以让自己的实力倍增。

李昌钰在教学岗位上的勤奋,同样令周围的教授们刮目相看,也赢得了学生们的敬重和爱戴。当年李昌钰任纽海文大学鉴识科学系助理教授时,私底下同校的一些教授对他的语言能力表示了质疑。李昌钰为了证明说英语带着中国腔的自己也能把书教好,于是花了比别人多好几倍的时间和精力准备课程,并且找了许多实际案例,来印证课本上枯燥生硬的科学理论。刚开始教学的头几年,除了写黑板,还要用投影仪。可是投影仪的照片是黑白的,很难看,他就彻夜加工,为照片加上颜色。一直到后来有了幻灯片,这些工夫才省了下来。此外,他要负责许多基础课程,从早教到晚,教学负担几乎是其他同事的两倍。李昌钰通过自己的不断努力,成为最受欢迎的老师,第　年就获得了年度最杰出教授奖,第二年再度被评为最杰出教授,第三年同学们还要投票给他,他拒绝了提名并对大家说:"请把机会留给其他优秀的教授吧!"李昌钰以自己的人格魅力和勤奋精神影响了周围的师生。

一位哲人曾经说过这样一段耐人寻味的话:"世上每个人都是被上

帝咬过一口的苹果,优秀和缺陷总是并存。有的人缺陷比较大,那是上帝更加偏爱他而已,因为这是一只格外芳香的苹果。"其实,上帝在给人一分天才的同时,几乎又附加了几倍于天才的苦难。上帝往往用某些人身体上的部分残疾,拉紧了这些人命运的"琴弦"。法国著名钢琴家贝楚齐亚尼恰恰就是一位不断克服身体障碍,凭着自己的勤奋而奏出骇世惊人"旋律"的残疾人。

米歇尔·贝楚齐亚尼于1962年出生于法国,天生患有"成骨不全症",体内钙质无法固定在骨骼上,致使骨头犹如玻璃般易碎。由于基因异常,身体发育被抑制,使他的身高只有100厘米,成为天生的侏儒。另外,他的左手变形严重,手掌和手腕向内倾斜,双腿内弯,视力和听力也很差,如果没有旁人协助便难以自如行动。

贝楚齐亚尼从小就对音乐有着浓厚的兴趣。他在7岁那年,有一次被电视上的一场钢琴音乐会所迷倒,竟然要爸妈也要买一架钢琴。父亲十分善解人意,先买了一架玩具钢琴,后来换成一架真正的钢琴。他上下钢琴座,都得靠别人抱着才能完成。但他练琴十分刻苦,一坐就是几个小时,从不叫苦。

贝楚齐亚尼13岁时得到机会,进入到小号演奏家布鲁内所在的剧团担任配角。布鲁内发现贝楚齐亚尼很勤奋,在演出中对钢琴很有悟性,于是极力向打击乐演奏家洛马诺推荐。在两位音乐家的培养下,他更加刻苦努力,在15岁那年出了名为《闪光》的第一张个人专辑,引起了法国音乐界的轰动。

后来，贝楚齐亚尼第一次公开演出时，先在台前离观众最近的地方，站了足足3分钟。最后，他笑着说："都看够了吧！"在全场会意地笑过以后，才开始表演。观众听完他的演奏后，先是短暂的沉默，继而爆发出雷鸣般的掌声，演出十分精彩。事后，有人问他为什么要先站3分钟，他说："很多人是因为好奇我的身材才来的，先让他们看个够，才会仔细听我的演奏，才能看到我灵魂的高度。"

贝楚齐亚尼深知，要使钢琴越弹越好，离不开日积月累的训练。他并不满足于已经取得的成绩，忘却了残缺肢体带来的痛苦，坚持每天练琴的时间达到8小时以上。有时，超负荷的训练量甚至造成他的指骨被折断。1987年，他推出了另一张专辑《乐曲》，成为世界级钢琴大师。此后，他的足迹遍及纽约、米兰、东京、巴黎和伦敦等著名音乐城市，每年的演出在180场以上，所到之处都是一片赞誉之声。这时，所有人已经不再对他的身材好奇了，而是带着钦佩的心情，仰望着他那灵魂的"高度"。

1999年1月，贝楚齐亚尼因患肺炎而病逝于纽约，年仅36岁。他留给世间的最后一句话是："如果我真的高大，那是矮小成全的！"其实，他所付出的辛劳是常人无法想象的，勤能补拙，他的高大正是日积月累的勤奋成全的。

时间是所向披靡的神器，你若勤奋积累，它就能集腋成裘，也能聚沙成塔，将人生中的不可能变成可能。

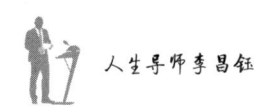

千万不要停在原地叹息

我总是鼓励着自己,路虽然很漫长,很难走,但是只要你走出一步,你离目的地就近一步,千万不要在原地叹息,否则永远都无法到达目的地。

——李昌钰

李昌钰夫妇刚到美国时,日子过得特别艰苦,购买了一些生活必需品后,身上已经没有多余的钱。起初,住在美国的三姐与姐夫还对他们有些经济上的资助。但他们觉得,总不能一直倚赖人家,于是,一切都安定下来后,他们就连忙外出找工作。

李昌钰的夫人毕业于台湾师范大学,到美国后教师资格还能用,所以就在学校担任双语老师。有了小孩后,她一边工作,一边带小孩,甚至还帮人带小孩,以贴补家用。

李昌钰则在读书之余,连兼三份工作。为了支撑家计,他也考了教师执照,经常拿着执照去当代课老师。

李昌钰在生活上也很节俭,开始一段时间,天天只吃同一道菜,并且每个星期也只能花5美元买菜。每次下班或下课时，为了节省几分钱的车票，他甚至要顶着零下几度的低温天气，走上好几里路回家。每当夜深人静，他独自一人走在路灯暗淡的马路上，四周是黑漆漆的大楼，路反而显得格外的长。此时，他虽然很孤单，心情也十分低沉，但他总是鼓励自己，走累了停下来喘口气再走，千万不能停在原地叹息，只有不断前进，才会离目标越来越近，总有一天会实现目标。

李昌钰在坎坷的留学之路上，永不停歇地奔跑。他自觉放弃了很多玩乐的机会，当别人周末参加派对时，他不是在打工就是在读书。功夫不负有心人，原本需要花费四年的大学课程，他只用了两年时间就完成了，后来，他马不停蹄，又用两年半时间学完了硕士和博士课程，先后获得了纽约大学生物化学硕士学位和生物化学博士学位。

另一则在人生道路上永不停步的例子也很感人。有一位名叫雷格森的少年，出生在非洲一个贫困的小村落。某一年，几位美国传教士来到了这个穷乡僻壤，教孩子们读书识字，传播文化知识。当雷格森十六七岁时，意外地从传教士那里得到关于林肯和华盛顿两位伟人的传记。书中感人的故事深深地吸引了年少的他，好比打开了一扇窗户，让他看到了更多窗外的世界，并立志要造福于人类。

雷格森为了实现自己的梦想，决心走出去，到美国读大学。他只简单地准备了一些物品，带了只够5天吃的食物，就踏上了茫茫求学路。他拼命地向前走，一周后带着的食物全都吃光了，不得已只好摘些路边的野果、野菜充饥。每当他体力不支，坐下来叹息时，放弃的念头就会在脑海里显现。但他一翻开随身携带的两本传记时，书中的字字句句就像一把重槌，又一次地敲击着他的心，使他重新振作起精神，拖着疲惫的身子继续往前走。

雷格森不畏艰辛。一连徒步跋涉了整整15个月，走了1600多公里，终于到了乌干达首都坎帕拉。在坎帕拉的6个月里，他一边打工，一边跑图书馆阅读各种书刊，来储备知识。有一次，他在读书时，欣喜地发现了美国华盛顿州斯卡吉特学院的地址，难道是命运之神意外地光顾了？他便立刻寄出了一封信，表达了自己读书的愿望。斯卡吉特学院院长非常理解这位年轻人的心愿，很快接受了他上大学的申请并给予一定的奖学金，还特意给他安排了一份工作。可是他买不起去美国的飞机票，怎么办？就在他发愁的时候，斯卡吉特学院的同学们发起了一次募捐活动，及时将募捐来的650美元寄给了他。这才使他如愿以偿，踏进了美国大学的校门。

雷格森在坎坷的人生路上从未停步，真是天道酬勤！后来，他不仅成为一位著名的作家，还成为英国剑桥大学的著名政治学教授，更是成为世界上许许多多年轻人心中的偶像。

世界上本没有路，走的人多了便成了路。可见，路是人们一步步走出来的。只要有梦想，有目标，再加上有意志，路就在脚下延伸，永不停歇地走下去，终会到达目的地。

第六章　贵在勤奋——梅花香自苦寒来

绝不让懒惰拖住后腿

世上十大死因中有心脏病、癌症等，努力工作则不包含在内。只有懒惰会永远拖住你的后腿，如果你不去努力，就永远无法达到目标、

——李昌钰

李昌钰的成功之因，可以用一个字概括："勤"。他勤而拒懒，退而不休，一直被人们传为佳话。他即使从警政厅厅长位置上卸任后，仍然没有闲着，又重新回到大学教书并从事鉴识科学研究。就是到现在，他仍然是很多国家警政单位的首席鉴识顾问，每当有棘手的案件发生时，很多人都会向他咨询。他每年几乎固定在中国、新加坡等几个国家，为当地的警察进行教育训练并开展讲学活动。

当初，李昌钰踏出的每一步都曾受到外界的质疑，例如："从来没看过任何学生在一学期内修完这么多学分，你可能会因为完不成学分而挂科的！""中国人英语不好，哪能当教授？""你当警政厅厅长管得了上千名警察吗？"对此，李昌钰绝不轻易说"不"，相信自己只要比别人更认

073

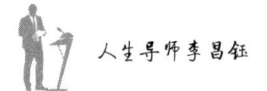

真、更勤奋，就一定能克服万难，尝到成功的甜美果实。

鉴识科学现在已经成为一门相当重要的学科，无论是侦查办案或是法庭审理，它都扮演了不可或缺的角色。可是当年，李昌钰获得纽海文大学鉴识科学系助理教授一职时，鉴识科学还相当冷门，鉴识科学系也刚刚成立，什么化验仪器都没有，更别说实验室了。靠着"勤"，李昌钰努力向学校和外界争取到了更多研究经费，并且和学生们找了一间教室，一起利用周末时间粉刷、装修，当作系里的实验室。

鉴识科学这门学科不只需要理论上的基础，更需要有实际工作经验，否则很容易沦为纸上谈兵。又是靠着"勤"，李昌钰主动与公设辩护律师处取得联系，表示愿意免费提供协助。就这样，不但能让学生们有机会实际接触案件证物，在实验室进行化验工作，还能帮助许多弱势群体，避免他们因为请不起有名的物证专家而蒙受不白之冤，后来，实验室在当地有了很好的口碑，甚至连一开始拒绝合作的警政机关，也主动找上门来，希望提供鉴识服务与咨询。随着服务的案件愈来愈多，李昌钰不但带着学生将理论与实践相结合，还出庭担任专家证人，向法官与陪审团解释这些科学证据的价值。

李昌钰没有让懒惰拖住后腿，在纽海文大学积极推广以科学技术协助鉴识科学、重建现场的观念，在短短三年内，从助理教授升为副教授，进而成为终身教授。谈到这些，李昌钰感慨地说道："在学术圈，一个不是在美国土生土长的华人，可以在短时间内有这样的成就实在不容易，我的表现甚至跌破了当初那些不看好我的人的眼镜。"

勤而不怠，历来是中华民族的优良传统。大书法家王羲之，从7岁起就开始学习书法。他的老师卫铄，人们称其为卫夫人，是很有名的女书法家。卫夫人认为王羲之聪明，尽心地教他练字，并用前人勤学苦练的故事鼓励他。

有一次，王羲之问卫夫人："我怎样才能快点把字练好？"卫夫人见王羲之性急，便说："东汉时期，有一个名叫张芝的人，为了练好字，天天在自家门前池塘边蘸水研墨练字，写完字就在池塘里涮笔砚，日子久了，池塘里的水都被染黑了。后来，他的字越练越好，写的草书活泼流畅，富于变化，被人们称之为草圣。"

王羲之听后很受感动，也像张芝一样，每天写完字就到门前的池塘里洗笔砚。天长日久，池水也变黑了。后来，王羲之每搬家到一个地方，都坚持这么做，结果留下的墨池甚至比张芝的还要多。

王羲之同样言传身教，教子有方。他的几个儿子都擅长书法，尤其第7个儿子王献之最有成就。王献之8岁那年，有一次他正专心练字，王羲之想试试儿子笔力如何，就悄悄走到他身后，猛地去拔他手中的笔杆。由于王献之的手握得很紧，笔杆竟没有被拔出来。王羲之见儿子年纪这么小，却有不小的握力，高兴地说："这样练书法，将来会有出息的。"王献之见父亲夸奖自己，更加用心练字了。

过了两年，王献之觉得自己的字写得很不错，就拿给父亲看，王羲之看后就在他写的"大"字底下加了一点，改成"太"字。王献之见父亲没有赞美自己，又拿给母亲看，母亲看后，指着那个"太"字说："依我看，你写的这些字里，只有'太'的一点，笔力像你父亲。"王献之听了母亲的话，这才羞愧地低下了头。他终于感到自己的功夫还差得很远，于是赶紧向父亲请教："您能告诉我，练字有什么窍门吗？"王羲之把儿子叫到窗前，指着院里的十八口大缸说："你用这些大缸里的水磨墨练字，水用完了，窍门自然就有了。"

王献之聆听了父亲语重心长的教导，明白苦练不怠才是写好字的窍门。从此，他更加勤奋练字，后来终于成为有名的书法家。人们将王羲之和王献之父子二人并称书法的"二王"。

天道酬勤，绝不让懒惰拖住后腿，勤而不怠、永不停息，就一定能开出芳香之花，结出成功之果。

第七章

坚持学习——活水源流随处满

人生的旅程是没有尽头的，永远要学习，要有世界性的眼光。

——李昌钰

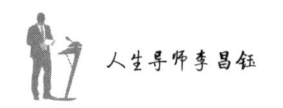

知识差异决定人生差异

人生就如搭乘火车一样，经过大学的训练，就等于取得进入火车月台的门票，但是如果没有大学的教育，你连上车的机会都没有。

——李昌钰

李昌钰当初选择放弃台湾海事学院，就读警官学校，遭到母亲的反对。但他表示不想用兄姐辛苦赚来的薪水缴学费，并答应有朝一日，一定会像兄姐一样拿到博士学位，母亲这才勉强同意他去警校报到。

李昌钰从警校毕业后，曾在台北市警察局当了一阵子的外事警察，跟老刑警们学了一些侦讯技术，也勘查了不少刑案现场，更体会到现场侦查技术的重要。在这期间，随着接触外界新知的机会增加，他愈来愈发觉自己所学知识的不足，希望能到发达国家学习更多新事物。

后来，李昌钰虽然如愿到美国留学，但他在大学是半工半读，白天多数在实验室工作，晚上上课。实验室有两位同事，一位是白人，另一位是黑人。他们看到李昌钰从早到晚忙碌不停，周末也从不休息，便劝说道：

"你何必这么卖命？为什么不学我们这样，下班后到酒吧喝喝啤酒，周末看场球赛？人生何其短，何不享受一番？"李昌钰笑着回答："现在不努力，老大徒伤悲呀！"一学期过后，他竟以全部科目都是A的优异成绩结业。

后来，李昌钰陆续拿到学士学位、硕士学位和博士学位，而实验室的原来那两位同事依然在清洗仪器。10年后，李昌钰担任教授，他们仍然在实验室清洗仪器。20年后，李昌钰侦办了许多案件，担任系主任、康州刑事科学实验室主任及警政厅厅长，而那两位照旧在原来的实验室清洗仪器。知识差异决定人生差异，恰恰在这里得到了有力的验证。

英国导演迈克尔·艾肯特拍摄了一部纪录片《人生七年》，震撼了英国社会。他选择了14个来自不同家庭背景的孩子进行跟踪拍摄，每七年记录一次，从7岁开始，14岁、21岁、28岁、35岁、42岁、49岁、56岁。几十年过去了，还是那个导演，从青年到老年；还是那群人，从儿童步入老年。2012年，艾肯特完成了56岁的拍摄，所以纪录片最后定名为《56up》。纪录片共分三集，在这150分钟里，人们可以了解到普通英国人的人生，领悟到"知识差异决定人生差异"的深刻哲理。

Paul出生在单亲家庭，7岁时被寄养在保育院，从小就胆子小，最大的愿望就是不被大孩子欺负。到了14岁时，他的性格仍然比较内向，不喜欢与别人交流，对学习也不感兴趣。21岁时，他因为没有机会进入到大学读书，就进入建筑业做工。28岁时，他已经结婚生子。35~49岁，这是人生最成熟的阶段，他却因没有足够的知识，又没有一技之长，加之就业环境不佳，所以频繁地遭遇失业，再反复换工作，弄得疲惫不堪。56岁时，他勉强靠在社区养老机构做勤杂工谋生。儿子成了一名汽车装配工，女儿则考上了大学，成了家庭中唯一的大学生。

Bruce从小就喜欢读书，对数学比较感兴趣，后来考上了牛津大学数学系，毕业后成为一名中学老师。他很有爱心，主动要求到贫困地区教书，并从中领悟到人生的意义。扶贫后，他回到一所公立中学继续教书，过着淡泊宁静的生活。

Nick是一位农家子弟，从小就有一种对科学的好奇心，求知欲强烈，后来考上牛津大学物理系，毕业后到美国深造。没过多久，他就成为美国一所著名大学的教授，妻子也是美国人，全家过着有品质的生活。

从纪录片中可以看到，那些曾经意气风发的活泼少年，如今变成了平静祥和、头发稀少的中老年男人；那些曾经愤世嫉俗的女孩，如今变成了淡淡评阅人生的娴静妇女。

如剧中人所说，如果有机会重来，一定会在年轻时好好读书，因为知识是谁也拿不走的，那样可以更有力掌控人生；如果有可能重来，一定不会像当年那么懒，而会很努力地把握好每一次机会，去改变自己的人生。

学习是对自我的挑战

许多人对我念书如此神速都感到不可思议，但我知道这是一场与时间、金钱的竞赛，必须以最快速度达到设定的目标，千万不能因为别人说不可能，就宣告放弃，而是要全力以赴，让不可能成为可能。

——李昌钰

李昌钰在我国一所大学演讲时说道："因为我想进一步深造，想得到更高的学位，所以我跨越重洋从亚洲来到纽约。刚到美国的时候，那时候过得很艰苦，因为我们要解决生活的问题、语言的问题、工作的问题，然后是学业的问题。"

学习实际上就是一种对自我的挑战，是对一个人的意志力、忍耐力、自控力的挑战。李昌钰不同于按部就班地从中学连续读到大学的普通学生，他与妻子踏上纽约这块陌生的土地时，身上只剩下50美元，面临着诸多令人难以想象的挑战，不得不靠打工先生存下来，再解决语言问题，然后才是学业问题。

李昌钰的留学生活清苦忙碌，昂贵的学费让他捉襟见肘。他为了完成学业，每天只睡三四个小时，起床后首先读书，然后外出打工，别人不愿意做的苦活，他都接下来做，晚上再到学校上课，回家后又继续埋头读书。的确，李昌钰把他在美国的留学，视为与时间、与金钱的竞赛，这种竞赛就是对自我的严峻挑战。

　　李昌钰为了尽快完成学业，多修了一些学分，并且他还特别跟几位老师商量，希望能把课程时间也错开。

　　李昌钰半工半读，在纽约大学担任化验员，不但可以直接进实验室，而且不要老师一步一步指导。这样他就挑选别人休息的时候做实验，如此一来，根本不需要排队和其他同学抢用仪器了，反而能够更有效率地完成实验内容。

　　李昌钰并不满足于每堂课的讨论和指定的作业，还会到实验室做更深入的实验，如果一时做不完，就利用周末时间到学校完成。

　　老师看到李昌钰这么认真、执着地与时间赛跑，老是往实验室钻，大有一股不达目的誓不罢休的劲头，称赞他说："你真是个当鉴识科学家的料！"

　　李昌钰经过第一学期的"竞赛"，取得了全部科目都是A的优异成绩。这不得不令注册老师刮目相看，给李昌钰第二学期的顺利注册大开绿灯。

　　李昌钰凭着与时间和金钱竞赛的毅力与速度，硬是将原本需要花费四年时间的大学课程，缩短为两年时间完成。后来，他又花了两年半时间一举攻下硕士、博士课程，如愿以偿地获得了生物化学硕士学位和博士学位。他用自己的心血和无数的汗水，在留学的竞赛答卷上，取得了"A+"的最佳成绩，也成为勇于挑战自我的最强者。

被誉为"近代音乐之父"的巴赫，亦是对自我挑战且孜孜不倦学习的典范。

巴赫出生在德国的一个音乐世家，10岁时父母双亡，只能靠着与他相依为命的哥哥沿街演奏歌曲赚取微薄收入来维持生计。虽然生活过得贫寒清苦，但艰苦的环境没有熄灭他学习音乐的热情。为了前往音乐之都追寻名师学艺，巴赫毅然离开家乡。一路上，渴了就喝口泉水，饿了就吃口干粮，困了就钻进草垛睡一觉，真是历尽千辛万苦。当他到了目的地登门求艺时，才知道音乐老师的授课费非常昂贵，他根本无力支付。这时，是否放弃求学念头？是否听候命运的安排？不！为了凑够高昂的学费，他忍受着别人种种嘲讽，从早到晚地做小工。后来，他几乎跑遍了当地所有的音乐学堂，总算得到一位好心老师的认可，以较低的学费接收了他。

在教课中，老师发现巴赫颇有音乐天赋，便建议他去另一处更好的音乐学府接受训练。巴赫感谢老师的指教，再次踏上了艰难的求学旅途。他到了那所音乐学府后，渴望学习音乐的热情和强烈的求知欲深深地打动了校长，被获准在校旁听。他多么珍惜这个难得的学习机会啊！好比久旱逢

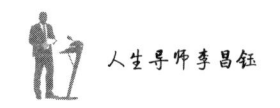

甘露，他如饥似渴地吮吸着音乐的养料，很快就在众多同学中脱颖而出成为佼佼者。

巴赫学业结束后回到家乡，请求哥哥将保存的著名作曲家的乐谱拿给他演奏。哥哥却说："这些曲子我演奏了十几年还觉得很吃力，你别以为去学了几天就觉得可以了，还是踏踏实实地多多练习那些练习曲吧！"巴赫并不认可哥哥的话，趁哥哥晚上外出演奏时，便偷偷地将哥哥珍藏的乐谱一首首地抄下来。家里穷得点不起灯，他就趴在屋顶上，借着皎洁的月光如痴如醉地抄写乐谱。

有一个夜晚，当哥哥结束在外演奏而走近家门时，听到家中传来十分优美而哀婉的旋律，如泣如诉，表现出对世事坎坷的感叹和对未来美好的向往。月光下的哥哥听后不觉潸然泪下，感慨万分。

巴赫勇于挑战自我，最后终于实现了自己的梦想，成为享誉世界的伟大作曲家。

人生最大的敌人是自己，敢于挑战就是一种无畏精神。学习上无所畏惧，就等于战胜了自我，就能收获成功。

学习没有时间和年龄限制

做任何事情都没有年龄限制，我对我的所有学生，不管年纪有多大，都说学无止境，鼓励他们努力读书。

——李昌钰

在一般人看来，27岁算是大龄青年了。但李昌钰为了梦想，从头再来开始了十年半工半读的生活。李昌钰退休了三次，但每次都是"退而不休"。他参与过8000多件重大刑事案件，出庭过100多次，主持过8000多场研讨会，发表过20多篇论文，撰写过近40种著作，编辑过10多种刑事鉴识专业刊物，另外还到电视台主演过36集探案实录。李昌钰之所以能取得这么多令年轻人都叹为观止的辉煌成就，与他永无止境地坚持学习密不可分。

活到老，学到老，是李昌钰一直践行的信条。在他看来，学习没有时间的限制，随时随地都可以学，因此早上起床后会看书，吃完饭后会看书，工作间隙会看书，洗完澡后会看书，睡觉前会看书，甚至乘飞机也会

看书。他认为有时即使只读一页也好，每天日积月累，就可以学到很多知识。只要不断地学习，持续进步一些些，就可以让自己的实力倍增。

在李昌钰看来，学习同样没有年龄的限制，任何年龄都可能学。多数人18岁就读大了，他27岁了照样跟大的新生们一起上课。为了加强自己的听说能力，他虽然年龄偏大，但仍在大学里选修了不少英语课程，并且利用课余或打工时间，抓紧机会练习。他在半工半读的十年里，用两年读完一般人需要四年才能学完的大学课程，再用一年半拿到了需要两年半的硕士学位，又用一年攻下了需要三年的博士学位，这时他已经接近不惑之年了。此后，他在纽海文大学任教，从助理教授到终身教授，并担任鉴识科学系系主任；从担任康州警政厅刑事科学实验室主任和首席鉴识专家，到退休后出任康州警政厅厅长；从卸任厅长后重回大学教书，到领导"李昌钰刑事司法与鉴识科学学院"和"李昌钰鉴识科学研究院"，李昌钰一直与学习相伴，与实践结合，使得他完成了一个个飞跃，成就了一个个辉煌。可以这样说：学习没有年龄的限制，终生学习，必然终身受益。

每当有人在我面前感叹："我老了，学不进了。"这时，我除了给他讲李昌钰的故事外，还会讲另一个人——大器晚成的摩西奶奶的故事。

摩西奶奶是美国乡村的一位农妇，没有任何艺术细胞的她，76岁才开始学画画。满头的银发、和蔼的笑容和她用画笔描绘的静谧山谷、田园风光，感染了整个美国，震惊了全世界。

摩西奶奶的前半生与绘画无缘，直到76岁才从临摹明信片开始，一点点画起来，她画画完全是出于本能和直觉，画面中的稚拙和纯朴感人至深，色彩的和谐、明快、清亮更让人耳目一新。她认为："每一个人都可以作画，每一个年龄段的人都可以作画，关键在于你是否真正的喜欢。"她感叹道："作画的过程美妙极了，就好像整个生命在不停地运转一样，让我充满活力！"

摩西奶奶对于绘画没有动机，只有动力。她学无止境。在绘画创作中，常常废寝忘食，积极向比自己强的画友请教。在摩西奶奶的晚年生活中，绘画成为她亲密的伴侣，而她的画，给无数人带来了艺术的享受和心灵的抚慰。

摩西奶奶80岁时，在纽约举办了个人画展；87岁时，出版了自传《摩西奶奶：美国原始主义者》；94岁时，登上了美国《时代》周刊的封面。

摩西奶奶于1961年12月13日逝世，享年101岁。时任美国总统肯尼迪致讣告词，称其为"深受美国人民爱戴的艺术家。"

摩西奶奶用自己的绘画人生向世人证明：学习没有时间和年龄的限制，永远没有太早或者太晚。

无论从什么角度看，学习都是必须要做的事情。不同的时间和年龄段，也许有不同的学习内容，但是学习应该伴随着我们一生，并无早晚之分。

第八章

珍惜时间——莫向光阴惰寸功

时间这种东西不像钞票，它实在太可贵了！无法存进银行赚利息、借给别人或者留给后人，如果你今天没把这些时间用掉，明天就没有了。

——李昌钰

成功的秘诀：不浪费时间

时间对于每个人来说是最公平的。我一生最不喜欢浪费时间，吃饭比人快，睡觉时间也比别人短，剩下的时间用来做有意义的事。

——李昌钰

李昌钰对时间进行过这样的统计：

"我们每个人的一生会有多少天？倘若活到一百岁，应该也有三万六千多天吧。其实并不是很多，很多时间我们都是在睡觉，或是白白浪费掉一些时间，所以，其实并没有三万六千天。美国人一年之中平均浪费了2007.5个小时，呆坐在沙发上看电视或是在海滩晒太阳，每天早上、下午还要来个coffee break（咖啡时间），然后又花了3285个小时睡觉，工作时间只剩下1642.5个小时，所以说美国人一年只工作1642.5个小时。大家不妨想想，如果把浪费掉的这几千个小时省下来，不管用在哪里，都会有一番成就的。"

几十年来，李昌钰就是把人们随意浪费掉的几千个小时省了下来，

第八章　珍惜时间——莫向光阴惰寸功

用在工作和学习上，办案、讲课、读书、写作、演讲，几乎成了他每天必不可少的五件事。每天早上约5点钟起来，先阅读一些与鉴识业务相关的文献，6点钟就去上班。到了办公室，先处理一些日常公务，然后与检察官、警察或其他有关人员开会讨论。如果有案件需要审判，则必须在10点左右到法庭，有时可能在法庭待上一整天。如果没有审判，他就在化验室进行检验或与相关人员讨论案件证据等。直到下午5点大家下班后，他才开始进行自己的学术研究。到了晚上，他还要赶到大学讲课，11点多钟才能回家。许多人问他，怎么有这么多时间来做这么多的事情，他总是笑着说，自己从不浪费时间。

李昌钰有一次应邀参加欧洲举办的一个刑事科学国际会议，并担任会议主讲人。与会者都是来自世界各地的刑事科学家，他们经常看到李昌钰在知名刑事科学期刊上发表的论文，也阅读过李昌钰这方面的教科书。会议期间，不少同行专家专门向李昌钰探究成功的秘诀，李昌钰微笑着说，如果我们这些德国朋友每天少花点时间喝啤酒，我们的英国朋友少花些时间喝下午茶，他们的工作成效一定比我更可观。难怪有人赞叹道：李昌钰真是一个惜时如金的人。

举世闻名的发明大王爱迪生同样非常爱惜时间。他小时候被人们称为"低能儿"，一生只上过3个月的小学，但天生就有着很强的好奇心，特别喜欢做试验。他的学问主要是靠母亲的教育和自学得到的。长大后他

根据自己的兴趣，在美国新泽西州建立了一个实验室，为改进人类的生活方式，一共进行了电灯、电报机、留声机、电影机、压碎机等两千多项发明。

爱迪生的成功与他珍惜时间密不可分。他常常对助手这样说："浪费，最大的浪费莫过于浪费时间了。""人生太短暂了，要多想办法，用极少的时间办更多的事情。"一天，爱迪生在实验室工作，他递给助手一个没有上灯口的空玻璃灯泡说："你量量灯泡的容量。"接着又低头工作了。过了好长时间，他问"容量多少？"没有听见回答，便转头看见助手正拿着软尺在测量灯泡的周长、斜度，并利用测量的数据进行计算。他不禁说道："时间、时间，怎么费那么多的时间？"然后走过来，拿起那只空灯泡，向里面倒满水，交给助手说："把里面的水倒在量杯里，马上告诉我它的容量。"助手立刻读出了数字。爱迪生说："这是多么容易的测量方法啊！它既准确，又节省时间，你怎么想不到呢？还去计算，那岂不是白白地浪费了时间？"助手听后脸唰地就红了。爱迪生又喃喃地说："人生太短暂、太短暂了，要节省时间，多做事情啊！"

"人生天地间，忽如远行客。"的确，人的生命是短暂的，不过有限的几十年，我们难以延长生命的长度，但可以拓展生命的宽度，增加生命的密度。让我们加倍珍惜时间，把握好当下的每一分钟，最想做什么，就去做什么，并且是现在、立刻、马上！

成功的关键：会利用时间

上天是很公平的，不管你是富人或是贫民，不管你是社会上的显贵名流，或是贩夫走卒，每个人每天都只有24个小时。成功的关键在于你是否能善用这24个小时。

——李昌钰

李昌钰平时总是算着时间过日子。他说，普通的美国人平均每天仅工作4.5小时，平均每天睡觉9小时，吃喝用去3小时，处理家庭琐事花2小时，还有5.5小时则被浪费掉了；我们每年共有8760个小时，其中工作用去1642.5小时，睡觉用去了3285小时，吃喝用去1095小时，处理家庭琐事花730小时，无所事事则浪费掉了2007.5小时。

李昌钰认为，假如我们每天不浪费5.5小时，再少睡2小时，吃喝少用1.5小时，那么一年就能节省3285个小时。如果将这些节省下来的时间，用在喜欢的篮球上，利用这几千小时练球，一定打得比别人好；如果用在练习书法上，3年后书法水平一定高于一般人；如果用来学英文，英文能

力肯定比别人强上好几十倍。李昌钰最终得出的结论是:"简单来说,你并没有比人家拥有更多的时间,你只是比人家会利用时间而已。"

李昌钰为了合理利用时间,做事时常常"一脑三用",习惯了同时做好几件事。比如他一边坐车去机场,一边接受采访,一边在脑海里思考着最新的案件;他到各地去演讲、工作时,顺道欣赏当地的风景;他在球场打球时,则顺便讨论工作方向或是案件。

李昌钰以前每天要处理几十个大大小小的案件,还要去现场采证、在实验室做化验等。为了充分利用好时间,他通常会同时开七个项目的会议,因为正好有七个会议室。做法基本上是这样的:

他到第一个会议室就开始问:"昨天发生了什么事情?"大家一一作了表述并展开了讨论,他点头说:"好,你们好好研究,最后向我报告!"

然后他跑到第二个会议室问:"昨天发生了什么事情?"大家又说了一通。

接着他到第三个会议室继续问:"你们怎么做的?""有哪些地方需要注意的?"

等他在第七个会议室开完会后,再回到第一个会议室问道:"你们找到的结果如何?""没有找到,是我们的方向不对,还是要用更新的技术去找?"这样一整天开会下来,既发挥了大家的主观能动性,又使七个案件都有了进展。

李昌钰在担任警政厅厅长期间，也是利用这样的方法，高效率地完成了许多工作。

与牛顿、爱因斯坦比肩的斯蒂芬·霍金，同样是一位善用时间的科学巨匠。他是身患肌萎缩症的残疾人，口不能说，腿不能站，身不能动，只能坐在轮椅上靠一个思维的大脑，用唯一能活动的三根手指与人交流。平时如果有人在浪费他的时间，他会直截了当地就地旋转轮椅，气愤地急速离开。

作为英国剑桥大学的终身教授，霍金十分珍惜生命中的分分秒秒，注意合理利用时间，因此他在系里的活动日程表总是排得满满的。他平时很早就起床，从不睡懒觉，吃完早餐后就做好离家的准备。他规定自己上午10点前必须到达办公室，途中的路程不得超过10分钟，在这10分钟里，他通常用来和他的一个博士生或研究助手通话。到了办公室后，他先和秘书一起查看邮件，然后就在计算机前工作或阅读文章。上午11点，他坐着轮椅到公共休息室，一位助手倒上咖啡，将杯子送到他嘴边。此时，他与学生们和研究助手进行短暂交流，然后回到办公室继续工作。下午1点，他准确无误地去凯斯学院参加午餐会，然后返回到应用数学和理论物理系，从事自己的工作。下午4点，人们聚在一起在公共休息室边喝茶边交谈，霍金则细心听着，穿插与大家交谈几句。一位学生这样评论：从霍金那干脆而精辟的几句话中得到的东西要比从任何人的一个讲座中得到的还要

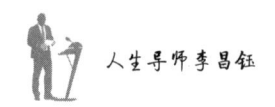

多。喝完茶后，霍金一般要工作到下午7点，然后坐着轮椅出大楼回家。

善待时间就是善待生命。霍金善用时间，像正常人一样满负荷地工作，实际上延长了生命的长度，令世人敬佩！

对于多数普通人而言，成功的秘诀应该是：会最大限度地利用时间，用时间创造条件，用时间积累能量，用时间换取优势。

成功的技巧：工作即生活

真正的生活大师，不会在工作与休闲之间画上泾渭分明的界线，认真工作其实就是一种用心生活的态度。

——李昌钰

李昌钰退休前的工作日程非常忙碌，每天只睡4个小时，其余的时间不是在鉴识实验室里、勘查现场工作，就是在授课、演讲。平时常常一脑多用，同时开好几个会议，或是趁着搭车的空档时间审视案件并且接受案件简报或媒体采访。每当很多人问他，为什么一年如一日地坦然面对这种日理万机、充满压力的生活，却能乐在其中？他总是这样回答："因为鉴识工作是我的最爱，也是我早已立定的人生志向，人生的梦想。""如果这份工作与自己的志趣相符，是你真心所喜爱的，那么，你不但会乐在其中，不知不觉的，也会比别人花更多的时间和精力在上面。"可见，李昌钰已经不再把工作当作谋生的手段，而是视为生活的一部分，在他身上，时间因此能得到最大限度地利用。

举个例子来说，李昌钰每天下班回家，都会帮夫人倒垃圾，他也会趁着这个时候看看垃圾桶里装了哪些垃圾，由此推断出夫人今天在家中的活动，做了哪些事情，又去了哪里。另外，逢到周末在家洗车，李昌钰也会观察车子上的刮痕或是卡在轮胎缝隙间的杂草、泥沙，由此推断出这辆车子被谁开走了，开到哪里去了。看来，所有大大小小的事情都逃不过李昌钰的眼睛，但对他来说，这样的观察很有意思，能带来不少乐趣。

李昌钰善于从工作和生活中寻找乐趣，工作即生活，生活即工作，时间完全在他掌控之中。他乐于付出的时间越多，收获就会越丰硕，这是毫无疑问的。

近年来，在我国人文艺术领域活跃着一位颇具才华的创意设计艺术家，叫"桔多淇"，70后女孩。她毕业于四川美术学院造型系，在北京开了一家摄影工作室。

有一天，桔多淇看看自家桌子上的一堆土豆、茄子等蔬菜，思维出窍，眼前的东西突然灵动起来，土豆有了眼睛、鼻子，像人的脸，茄子像手，海带丝像美女头上飘逸的长发。等她回过神来，顿时产生了想用蔬果去创作一幅画的冲动。她买了十几斤豌豆，一个人安安静静地剥了两天的壳，然后用铁丝把豌豆穿成串，做了一条裙子、一圈项链、一个头饰、一个魔术棒，"全副武装"后拿相机自拍了一张照片，起名为《豌豆选美》，成为她的第一幅蔬菜作品。发给了几个朋友看后，都觉得很有新意。这使她感觉到"琐碎的日常生活里可以有闪光的乐趣。生活中最平凡的事物，也可以通过想象变得好玩起来。"

后来，桔多淇开始思考创作一个系列。于是，她去各大书店，看出现率最高的艺术普及读物：《蒙娜丽莎》《最后的晚餐》《梵高自画像》《维纳斯的诞生》等。她发现，用大师名画来承载蔬菜的梦想再好不过了。由于蔬菜保鲜时间有限，蔬菜画做出来后，她立即用相机拍下现场效果，然后录入电脑，打印成画册。拿起菜刀就能够创作出一幅名画来，桔多淇得到了无限的乐趣，并一发不可收。仅一年时间，桔多淇就创作了19件作品，每件一般耗时半个月时间。

渐渐地，桔多淇的作品得到了更多人的认可，她的"蔬菜博物馆"艺术展陈列在北京798艺术区。家常蔬菜摇身一变成为经典艺术品，让来参观的人啧啧称奇。艺术展开幕的第一天，两幅蔬菜画就成交了：《伏尔加河上的酱黄瓜》卖了1500美元，《卷心菜·梦露》卖了1000美元。色彩斑斓的"蔬菜博物馆"让人们体会到了生活的妙趣，桔多淇也说创作此次展览作品的目的是"希望人人都开心"。她还说"每个人都很平凡，每个人的生活都很艰苦，每个人都有梦想。"正是因为有梦想，她才会让那些不可能变成可能。

现在，桔多淇已经把工作和生活融为一体，平时不是在工作室，就是在厨房（厨房也成了第二工作室），或者去逛菜市场。她说："我常常在卖菜的各个摊位前徘徊，把菜拿起来看看，琢磨琢磨又放下去，考虑把它

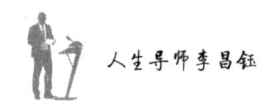

们移接偷换到哪个位置上更有趣。品种繁多的菜形状颜色各异，排列组合就能得到很多图象资源。"在她的眼中，蔬菜们全是最棒的演员兼道具，而桔多淇就是导演，将它们搬上舞台重新演绎一出不一样的戏剧。

桔多淇认为："时间丈量生命的长度，定义不了生命的广度，还有高度（指激情），或者说深度（指哲思）。"她用自己成功的创意实践诠释着关于时间和生命的理念，探究着"工作即生活"的成功技巧。

如果我们把工作看成是八小时的生活，把生活当作八小时以外的自愿工作，使工作和生活达到相容而不是相冲，那么，成功还会离我们远吗？

第九章

把稳心态——眼界无穷世界宽

> 人有六种年龄,每个人都有出生年龄、生理年龄、心理年龄、体格年龄、智慧年龄、经验年龄,最重要的就是保持一个良好的心态。
>
> ——李昌钰

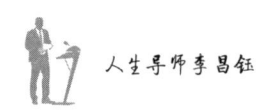

知足的人生更美好

假如我们每个人都能知足，都能适可而止的话，也许人生会变得更美好些。

——李昌钰

李昌钰几十年来，无论从警还是担任第一线的外勤及现场鉴定，几乎每天都在与死亡为伍，目睹着各式各样的死亡。他在从事尸体鉴识工作时，内心总是混杂着震惊和遗憾，感到人生太无常、太短暂了，应该"知足常乐"，努力地活在当下，好好做人、做事。对此，他这样感慨道：

"人生无常，我常常会想，人匆匆来到这世界上究竟是为了什么？许多人为了利益，不惜出卖自己的灵魂去做违背良心的事情；有些人眼中只有金钱，甘愿做钱的奴隶；有些人则是为了权势、名气，整天绞尽脑汁，与人明争暗斗。与死亡相比，金钱、名利、地位，显得一点都不重要。"

李昌钰是一个懂得知足的人。他多次在公开场合说过，自己一生不想做官，只想教育、培训人才。他一直认为自己是一个普通的人、一个实实在在的人,"现场之王""当代福尔摩斯"等头衔都是记者和社会大众封的,实际上并没有什么"现场之王",只是自己看的现场比别人多一些。他始终觉得,自己不是一个人在工作,而是一个团队,现场是一个大家一起合作的平台。

李昌钰在给我国大学生演讲,谈到"知足"时,这样意味深长地说道:

"看不开和贪心的时候,常常人跟人之间就会有了冲突,自己内心也会有了冲突。这些冲突就会产生纠纷,纠纷后接着就发生不幸的事情,常常会因此发生凶杀案件。有的时候退一步,想一想,这些身外之物我们生不带来,死不带去,没有必要为一点利益争得头破血流。所以看清一点的时候,只要能生活得愉快,只要今天比昨天好一点,昨天比前天好一点就行了。"

李昌钰在几十年的职业生涯中,看到过许许多多生死线间的命运起伏、名利场上的利益纷争;领略过许许多多荣耀与辉煌,更饱尝过许许多多人世间的艰辛与沧桑,因此他才会真诚地告诫世人:"在生活中,如果我们能够凡事知足,多想想自己可以为他人、为社会做些什么,人生会过得更有意义。"

2010年6月在我国出版的《塔莎姐姐的美好生活(中文版)》曾风靡一时,2012年5月4日中央电视台科教频道在《读书》节目中专门推介了这本书，原因就在于该书分享了美国著名生活艺术家、绘本作家塔莎·杜朵充满智慧与灵性的惬意人生，传递了"幸福就是满足的心灵"这一理念。

塔莎是一位用知足之心来生活的人，她一直向往着大自然和农村的田园风光，过着简朴的农耕生活，一生创作了80余册绘画作品。孩子们问她，您的一生一定很辛苦吧？她却微笑着回答："我一直都以度假的心情度过每一天、每一分、每一秒。"

塔莎·杜朵，1915年8月28日出生在美国波士顿，父亲是一位优秀的飞机设计师，母亲是一位肖像画家。从小家中就有爱默生、马克·吐温、卢梭、爱因斯坦等名人进出。但是塔莎却从小不爱华丽世界，不爱上流社会的交际，反而对农场等自然环境怀有深厚的兴趣。她继承父亲具有丰富想象力的气质和母亲绘画的天赋，从小就喜欢画画。

9岁时父母离婚，15岁时她从波士顿工艺美术学院退学，开始过着一个人的田园生活，并给小朋友们画图画。她23岁结婚，出版了第一本儿童绘本《南瓜月光》，30岁时移居新罕布什尔州乡间，育有四个小孩（两男两女）。她自己种茶、制作面包，用自家种的亚麻纺纱织布，并亲手裁剪、缝制成衣服供家人穿。她不管多忙，总要抽出时间和孩子们玩，教他们懂礼节、学做农活和家务等。她很知足，很享受这样的生活。10年里画了20本书，42岁时获得凯迪克大奖。她46岁时选择了离婚，56岁时移居佛蒙特山区，建起了有着18世纪风格的农家、庭院，还建起了花园、果林、菜地、池塘。1971年获得女王终身成就奖。她87岁时，出版了全新的绘本创作《Corgovolle Fair》；89岁时，创作完成了日本独家编辑的《塔莎奶奶的美好生活》系列；92岁时，创作的《塔莎奶奶的美好生活》推出繁体中文版。2008年6月18日，她在美国佛蒙特州山区的家中去世，享年93岁。

塔莎奶奶在书中说道："我满足于身旁的任何事物，无论是屋子、庭院、动物或是天气，生活中的一切都令我满足。"因为知足，她才会了解和发现这个世界的美；因为知足，她才会使自己的心灵变得纯洁、美好。

不是山，却需要攀登的是人生；不是深渊，却需要跨越的是自己。曾经拥有的不要忘记，已经得到的更加珍惜，属于自己的不要放弃，已经失去的留作记忆。不管昨天、今天、明天，懂得知足就是美好的一天。

忍耐才能砥砺成器

年轻人刚创业的时候就像在沙漠中前进,很枯燥,但一定要忍耐,不断向前去,一旦放弃你就变成失败者了。

——李昌钰

李昌钰一生是在艰苦的环境中长大的,从小就知道生活的不易、学习的不易,确定了目标就要义无反顾地去努力实现。因此,他懂得忍耐,从不把心思放在与别人的争名夺利上,从不计较与别人一时的输赢得失。他多次告诫年轻人,遇到不如意的事,要看破一点、忍耐一点。

在美国一直存在着肤色歧视,就连专业团体也不例外。当初,李昌钰参加美国鉴识科学学会举办的一次学术活动。当他一进会场,发现里面清一色的都是白人,只有他一个人是黄皮肤。在整个活动中,许多人有意无意地对他投以异样的眼光。活动结束后,他心想自己拥有博士学位,又是大学教授,参与过许多鉴识案件,加入鉴识科学学会应该不困难,于是他填妥了入会申请表递过去。想不到,有位学会理事看也不看一眼,就把申请表退给他，说什么"你的资格不符"。李昌钰心里明白，自己被拒之门外的真正原因，不是学历或专业，而是肤色。这次他忍耐了，暗暗下定决心，要用实力来证明黄皮肤的资格！

自此之后，李昌钰在工作上更是加倍努力，除了在学校授课外，还义务帮公设辩护律师进行证据鉴识并提供咨询服务。无论时间有多晚，路途有多远，遇到每一个接手的案件，他都亲自到现场取证，所有的证物更是再三检验，不放过任何微小的细节。不久，他以毋庸置疑的专业实力，终于在鉴识科学领域成功地占有一席之地，成为响当当的正式会员。3年后，美国鉴识科学学会还给他颁发了最高的鉴识科学成就奖；5年后，他拥有了该学会终身会员的资格，并被邀请到学会演讲。

李昌钰用行动告诉我们：真正的忍耐不是忍受，也不是退缩与沉沦，而是一种审时度势的等待，是成功前的努力与能量的积蓄。

一个人要想成功，首先须有明确的目标，而在追求目标的过程中总会遇到逆境和磨难，甚至还会被误解、羞辱和打击，使自尊心和自信心受到强烈的冲击。这就需要我们学会忍耐，只有忍一时之痛，才能有长远的收获。如果做不到忍耐，凡事只图一时之快而冲动妄为，最终吃亏的只会是你自己。下面一则例子，恰恰证明了这个道理。

有一位刚刚走出校门的大学毕业生，被分配到一个海上石油钻井平台工作。第一天上班，平台经理要他在限定的时间内登上几十米高的钻井

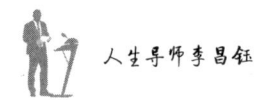

架，把一个包装好的盒子交给正在井架顶层工作的一位主任技师。

年轻人抱着盒子，快步登上了通往井架顶层的狭窄舷梯。当他满头大汗、气喘吁吁地到达顶层，把盒子交给技师时，技师只在盒子上面签下自己的名字，让他把盒子送下去。于是，他原路返回，把盒子交给了经理。经理同样在盒子上面签下自己的名字，让他再次把盒子送给技师。

年轻人看了看经理，犹豫了一会，又转身登上了舷梯。当他第二次登上井架顶层时，已经浑身是汗，两条腿有些发抖。技师和上次一样，在盒子上签下名字后让他把盒子送下去。年轻人擦了擦脸上的汗水，转身走下舷梯，把盒子送给了经理。经理还是签完字后让他继续把盒子送上去。

年轻人压住心中的火气，抱着盒子艰难地登上舷梯。当他到达顶层时，浑身上下都是汗水。他第三次把盒子交给了技师，技师说道："把盒子打开。"年轻人拆开盒子的包装纸，打开一看，竟然有两只玻璃瓶，一瓶装有咖啡，另一瓶装有咖啡伴侣。此时，年轻人有些不耐烦了，技师说道："把咖啡冲上。"年轻一听，终于火冒三丈，"啪"的一声，把盒子连瓶扔到了地上，大声嚷道："我不干了！"

年轻人发完火后，技师平静地说道："你可以走了。但我得告诉你，刚才让你做的这些叫承受极限训练。因为我们在海上钻井作业，随时会遇到各种危险，这就要求我们必须具有极强的承受力，能承受各种危险的考验，只有这样才能成功地完成艰苦的海上作业任务。很可惜，前面三次你都通过了，只差最后一步，你没有喝到自己冲的咖啡。"

忍耐，大多数时候是痛苦的，而成功往往就是在人们忍受住了许许多多的痛苦以后，才会出现在自己的面前。"行万里，半九十"，成功比的就是忍耐力，那位年轻人恰巧只差一步就放弃了，的确很可惜。忍耐是人生的必修课程，如果年轻人先前能补上这一课，真正明白"忍人之所不能忍，才能为人所不能为"的道理，则会是另外一种结局了。

古人云"故天将降大任于斯人也，必先苦其心志，劳其筋骨，饿其体肤，空乏其身……"大浪淘沙，百炼成金，唯有砥砺能让玉器更趋于完善，唯有忍耐砥砺之苦才能成大器。

贡献社会，收获快乐

俗话说，"施比受更有福"，我从帮助他人的过程当中确实体验到这句话的真谛。付出及给予的过程也带给我莫大的快乐。

——李昌钰

李昌钰一生获颁了许多荣誉博士学位，包括文学博士和理学、法学、商学及工学博士，但他更喜欢靠半工半读拿到的生物化学博士学位。当时，因为没有多余的钱支付参加毕业典礼的费用，于是就在家里的客厅穿上了博士服，由女儿拿出她的长颈鹿玩偶当作见证人，帮他拍了张照片，作为纪念。

有一次印度举行建国纪念，给他颁发了一个最高荣誉奖，奖状是一张薄薄的纸，看起来不是那么体面。另外一位得奖者满脸失望，看到李昌钰一脸笑嘻嘻的样子，不解地问道："收到这样一张奖状，你不觉得寒酸吗？"李昌钰却说："对我来说，金牌、银牌跟纸牌奖状都一样，重要的是自己对这个世界、对他人作了哪些贡献，成就了哪些事情！"

李昌钰一向对名誉看得很淡，在他心中唯有"贡献"二字，只要能给社会真诚地付出，就会觉得很快乐。

如今，李昌钰已经80高龄了，正如他自己所说："我现在还在挑战自己。"依然退而不休地做着富有挑战性的工作。

"不做现场案件，只接冷案"，这是有着极大难度的挑战。所谓"冷案"，指的是破不了的案件。在美国，每年发生的凶杀案破案率只有70%，剩下的30%破不了；性犯罪案则有50%无法侦破；财产犯罪案有将近60%最后成为悬案，几年积压下来就会有几万件成为冷案。面对多少万个家庭，家人无故被杀害，却始终找不到凶手，致使这些家庭长期承受着沉重的精神压力和残酷的精神折磨，李昌钰的心中一直很不平静，他说："我现在已经退休，不再站在第一线从事侦查工作，处理冷案正好适合我现在的工作状态。冷案不像新案，没有急迫性，能够按照自己的脚步，定期重新审视物证和线索。我希望可以透过各种先进的分析与方法，重新启动调查，想办法找出破案线索，将凶手绳之以法，还受害家属一个公道。"

李昌钰接受的另一个挑战是，以回报桑梓的赤诚情怀，不顾高龄，四处奔走，为我国培训一大批刑侦人员，还设立奖学金，为优秀人员提供去美国康州研究中心进修的机会。他说："我希望可以培养更多优秀的鉴识人才，每个人只要每个月多破一个案件，每年就可以侦破上百甚至上千件案子，这对社会来说会有多大的帮助！"另外他还到全国数百所大学演讲，声情并茂，风趣幽默地与师生们分享他的成长历程及自己的价值观、奋斗观、效率观、工作观和生活观，勉励莘莘学子通过不懈努力，创造出辉煌人生。

下面一则回馈社会，收获快乐的例子同样十分感人。

山东崂山脚下有一个被称为"裸捐富豪"的传奇人物王明殿。十几年来，他已捐出价值百万元的钱物，用于修路、植树、帮困济贫，资助沂蒙山老区教育等，但他们一家三口却住在用13.2平方米集装箱改造的简易房里。他经营着四家企业，可是个人存款余额从来没有突破2万元，因为每当超过2万元，他就会取出来捐给那些需要帮助的人。

王明殿对前来采访的中央电视台记者说道："光是给东韩小学的捐助就有三五十万。另外，每年跑沂蒙山八九十趟，每次去都不好意思空着手，有的时候几千块，多的时候几万块，再加上修路、种树，弄下来怎么也有几百万了。"他坦然地表示："别人说我捐了多少都无所谓，反正我自己觉得心安就行了。"

多年来，王明殿尽力资助学校和学生，被青岛崂山区东韩小学、临朐八一希望小学、临朐周庄小学聘为"名誉校长"。三所学校的教学设施改善、740多名学生的学习用品，贫困生的文具费、生活费，王明殿都要去操心。有一次，王明殿到沂蒙山麓的临朐县去考察投资，经过八一希望小学，看见孩子们坐着砖头，趴在水泥砌的课桌上学习，他的眼泪情不自禁地流了出来。于是，他马上回到青岛，到家具厂赶制了100多套桌椅，又雇了一辆大货车将桌椅及时送到八一希望小学。

现在，三所小学的孩子们一见到王明殿，都会亲切地喊："王老师好！"王明殿说，他有"王经理""王老师""王总"等许多头衔，但最感到自豪的就是"王老师"这三个字，有这么多的孩子叫他老师，心里非常高兴。

有许多人对王明殿的善举不解，问他为什么这样做，他总是笑着说："我能让百十口子人有活干，让700多个学生安心读书，我觉得非常伟大，非常有价值，也非常快乐和幸福。"

财富有价，爱心无价，王明殿回馈给社会的是一笔无形的精神财富、道德财富，收获的是人生的价值，内心的快乐。

人生的意义就是贡献！只要为社会付出自我，就会拥有心灵和精神的富足，收获的自然是快乐。

第十章

心怀感恩——此情绵绵无绝期

常怀感激之心，一生快乐无穷。

——李昌钰

不忘慈母谆谆教诲

在这个世界上,我最感谢、最敬佩的人,是我的母亲。

——李昌钰

妈妈,是世界上最亲切的词语;母爱,是世界上最伟大的爱。不同的文字,表达的都是相同的人,那就是生养我们的母亲。

在李昌钰的一生中,对母亲的感情最深,他说:"首先我要感谢我的妈妈,是她把我带到这个世界上来。人家问我,世界上最伟大的人是谁?我回答说是妈妈。最怕的人是谁?也是妈妈。"

李昌钰的母亲原名王淑贞,结婚后改名为李王岸佛。她生有13个子女,自从丈夫遭遇海难后,家中便失去了经济支柱,原本富裕的生活环境也不复存在。为了让一个个孩子都能上学读书,她经受了艰难生活的种种考验,咬紧牙关撑起了家庭的整个天地。她使出了浑身解数,起早摸黑、夜以继日地帮人家带孩子、洗衣、做饭,可以说,已经到了拼命的地步。多年来,她凭着坚忍和刚毅,承受着巨大的压力和煎熬,目标只有一个,就是把子女们全都抚养成人，抚养成才。

李昌钰在母亲言传身教的熏陶下，从小就养成了"做人要刻苦、坚强、善良"的优秀特质。当他从警官学校毕业后成为一名外事警察，因工作认真而受到上司青睐的时候，母亲却要求他："你还要继续往上读，硕士不够，还得把博士读出来。"于是，他与马来西亚华裔女士宋妙娟结婚后，并没有留恋衣食无忧的安逸生活，毅然于1965年与夫人一起，带着仅有的50美元，开始了在美国的艰难打拼。事后，他这样感慨地说道："在我心中赴美求学深造仍然是人生中最重要的目标，这是我的梦想，也是对母亲许下的承诺。"

在美国，李昌钰经过10年的打拼，最终拿到了博士学位，并且成为顶级鉴识科学家，成为能用熟练的英语办案、讲课、著书的专业大咖。

1998年，60岁的李昌钰本来可以退休，可是康州的一场"人事地震"却让他的神探生涯延长了。当时康州警政厅的三个厅长因故相继离开，时任州长希望李昌钰能接任厅长一职，帮助重整警政部门，结果被李昌钰婉言拒绝。后来，州长知道李昌钰一向对母亲很孝顺，便打电话给他的母亲，向老人家问安，另外请她帮忙说服李昌钰接下警政厅厅长的职务。果然，有一天李昌钰探望母亲时，母亲问他："州长请你去当警政厅厅长，你怎么不去帮帮他呢？"李昌钰摆出了一大堆不去的理由后，母亲却语重心长地说道："你要想想，你做事不是只为了自己，也要为在美国的华人们进入主流社会，开创一条出路。"事实上，在美国有史以来还没有任何一个华人做到州警政厅厅长，一位资深高等法官鼓励李昌钰，应该接下这份工作，并且说："你将改变历史！"也就是说，如果李昌钰接下厅长职务，就是树立了一个新的典范。

后来，李昌钰按照母亲所说的，接任了警政厅厅长，在美国引起了轰动。他在警政厅的两年里，除了执行前任厅长提出的计划外，还立下了新的目标，制订了短期、中期和长期规划，重塑了州政府在人民心中的威望。

李昌钰的母亲李王岸佛教子有方，使13个子女个个学业有成并且都成了博士，分别在科学研究、商业、设计、艺术、广告、证券、IT等行业彰显身手，其中有的被授予"美国十大杰出青年"，令许多海外人士称道。在老人家百岁寿辰时，时任美国总统克林顿夫妇率纽约市市长夫妇、康州州长等前往祝贺，称赞她是"伟大母亲"。

2005年5月28日，李昌钰回到家乡如皋，参加母亲的铜像揭幕仪式。她深情地说，没有妈妈就没有自己的今天，自己的刻苦特质与成功，与母亲从小给他的教育分不开的，母亲是他一生奋斗前进的榜样。

2018年9月16日，李昌钰在南通大学演讲时动情地说，对父母应该感恩、孝顺，懂得感恩，是世界上最美的心灵；感恩，不是一种回报，而是一种担当和责任。说得多么精辟！

李昌钰对母亲心怀感恩的基因，源自家乡如皋"孝亲礼师"的传统美德。这在绵延了88代的《如皋贾氏宗谱》中有所记载。贾氏即两千多年前春秋战国时代《左传》中那位"射雉于东皋"的贾大夫。《宗谱》中的"家训""戒言""遗训""礼仪"等贯穿着长辈对晚辈的谆谆教诲,展现了尊老敬老、和睦相处的家庭风貌。父母即老师、家庭即课堂,中华传统美德就这样在如皋人中间薪火相承,孝亲礼师的故事也在如皋代代相传。

相传享年95岁的刘汝奎,当初参加省试时闻母病重,随即放弃应试,返回如皋照顾母亲,此后"更不复试,以益母寿"。

相传享年99岁的胡申穀(gòu),当初被朝廷委任为县丞,只因老母年迈、多病,不忍离开而拒绝赴任,日后全身心地照顾着母亲。

相传享年83岁的卢崇孝,从小孝顺父母,7岁时七天七夜不合眼照顾病在床上的父亲。父亲病故后,家境清寒,他一边学医,一边侍奉体弱多病的母亲。一日母亲生命垂危,他极度悲伤,焚香祈祷,愿以身替母。也许孝心显灵,施以重药后,母亲竟转危为安,卢崇孝则被人们称颂为"大孝子"。

故人云:"真孝父母者,一心发于衷,故生诚敬,若能将此诚敬之心,发博于日常处世之中,即成百善。"如皋人在"孝亲礼师"的长期熏陶下,对孝道有了越来越深的理解,不仅懂得"孝",而且知道如何"孝",把"孝"融化于"百善"之中,从听从老人的教诲、关注老人的病痛、照顾老人的起居、调整老人的饮食,到尊重老人的习惯、

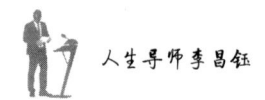

激发老人的爱好、陪伴老人聊聊天、带着老人散散心，从物质和精神上施孝、尽孝，使老人既得到物质上的保障，又得到精神上的慰藉。

母亲赋予我们生命，哺育我们成长，为我们遮风挡雨……这种爱体现在母亲一生的操劳中。感恩母亲，报答母爱，是人伦亲情的题中应有之义，是每一个做儿女的必须交出的人生答卷。

第十章　心怀感恩——此情绵绵无绝期

不忘伴侣心手相牵

除了我母亲以外，太太是我一生中最重要的女人。如果没有她，也就没有今天的李昌钰。

——李昌钰

佛家说："百年修得同船渡，千年修得共枕眠。"在芸芸众生中，李昌钰遇到了生命中最重要的人——一生一世的追梦伴侣宋妙娟。李昌钰非常珍惜这一缘分，相濡以沫、互相扶持了56年。

李昌钰和宋妙娟结婚后，为了让岳父放心，就移居到女方的故乡——马来西亚沙捞越。后来，李昌钰任《华联日报》总编辑，宋妙娟任第四省妇女部部长，生活过得很舒适。但李昌钰并不打算长期居住，因为在他心中，赴美求学深造是他的梦想，也是对母亲许下的承诺。宋妙娟非常理解李昌钰的想法，支持他努力实现自己的心愿。在马来西亚定居两年之后，宋妙娟放弃了优越的生活条件和打下的事业基础，陪着李昌钰远渡重洋去美国。

宋妙娟毕业于台湾师范大学，到了美国后就在学校担任双语教师。后来小孩出生了，她一边工作，一边带小孩。为了贴补家用，她还到处帮人带小孩；为了维持生活，每星期只花5美元买菜。

回忆起半工半读的那十年，李昌钰说："妙娟是很传统的女性，为了实现我的梦想，她一直很努力配合，从来不曾抱怨，我非常感谢她的付出。"

几十年来，李昌钰每天都要工作16个小时以上，能留给夫人的时间只剩下早晨上班前。起床后，夫人已经泡好了茶，准备好了早餐，李昌钰一边听录音电话，一边喝茶，接着吃早餐，几分钟后就离开餐桌去上班了。当他启动汽车时，从后视镜上可以看到夫人奔跑的身影："你忘记带茶叶了，还有午饭……"这令李昌钰十分感动，他总是对人这样说："如果没有妙娟，我的生活不知道会乱成什么样子。"

李昌钰有一个习惯，破案前一定要喝一杯夫人泡的茶。夫人总是挑选上等乌龙茶尖，用沸水冲泡。就连使用了多年的古色古香的茶具也是夫人精心挑选的。在思绪烦乱，头脑发涨时，喝上一杯飘着香气的清茶，顿觉神清气爽。

很多时候，李昌钰每天只睡4个小时，还常常半夜被叫到现场查案子，他问夫人是否担心，夫人的回答让他十分欣慰："人生死由命，我们到这个世界，能为人类做点事情，我很满足。"后来，夫人退休了，除了到他的办公室帮忙外，还会在家里种菜。的确，夫人不仅是李昌钰事业上的好帮手，还是生活上的好后勤，两个儿女的好母亲。夫人作为母亲，对儿子李孝约、女儿李孝美，从小就提醒他们将来成功了要知恩图报。可以说，夫人凝聚了全家的向心力，一脸微笑、一杯热茶、一句提醒都将所有的辛苦化为温馨。

李昌钰在结婚50周年时，十分感慨地说："这五十多年来，我们一起经历过各种困境，面对大大小小的挑战，彼此互相扶持、加油打气。中国有句谚语，'夫妻同心，其利断金'，这句话正是我们这五十几年来共同奋斗的写照。"

宋妙娟女士于2017年7月31日在美国康州安详病逝，家人收到上千封追悼、问候的电文。8月4日，在康州举行的宋妙娟女士追思会上，大屏幕上播放了李昌钰与夫人同游各国、结交世界友人以及家庭甜蜜生活的照片；众人追忆了宋妙娟女士一个个感人的故事，缅怀她善良、勤奋的精彩人生。李昌钰也以设立两项奖学金，来纪念携手56年的追梦伴侣：一项是给大学女子篮球运动员，因为宋妙娟生前爱好篮球，也关心教育；另一项是给刑侦与鉴识专业的女大学生，以鼓励女性学生主修这一门学科。

一位名叫约翰的年轻人在一家公司工作，他认真、勤奋，付出的努力远比现在得到的报酬多得多。他打算在星期五那天向老板提出加薪要求，离家去上班前，便把这个想法告诉了妻子。

在公司里的一整天，他为加薪一事忐忑不安。快下班时，他终于鼓足勇气，推开了老板办公室的门，向老板提出了加薪的要求。没有想到的是，老板竟然很爽快地答应了，并表示歉意地说，这是公司早就考虑的事，只是一直没有落实，希望他能谅解，最后亲自把送出了办公室。他怀着喜悦的心情，迫不及待地往家赶，想把这一消息很快告诉妻子。

当他兴高采烈地推开家门，首先看到的是餐桌上摆放着妻子一直舍不得用的那套精美瓷餐具，另外还点上了红色的蜡烛，这让整个屋子温馨浪漫了许多。当他闻到从厨房里不断飘来只有欢宴才有的香味时，心想，加薪的消息，妻子怎么知道得这么快？

他走进厨房，拥抱着妻子说："亲爱的，老板给我加薪了！"妻子听后也非常高兴。随后，他坐在餐桌边，享用着妻子精心准备的美味佳肴。就在妻子为他夹菜的偶然间，他发现盘子旁边放着一张卡片，上面写着："祝贺你，亲爱的！我知道你一定会得到加薪的，用这顿晚餐向你表达我对你深深的爱意！"他看着妻子秀美的字，心里觉得很温暖。

吃过晚饭，妻子很勤快地去厨房洗餐具了，约翰很有兴致地坐在沙发上翻看杂志，突然发现里边夹着一张与餐桌上一样的卡片。他好奇地看着，只见上面写着："亲爱的，千万不要为没有加薪而感到烦恼！不管怎样，我都认为你应该得到加薪，就让这顿晚餐向你表达我对你深深的爱意！"此时，约翰的眼睛不禁湿润了。他看到妻子对自己的爱意，不带任何附加条件，没有任何功利色彩，无论事情的结果是好是坏，都愿意陪伴在自己身边。他从内心感谢妻子无怨无悔，感谢妻子成为心手相牵的伴侣。

　　写到这里,我还是想用李昌钰极富哲理的话作为结尾:"你找一个伴侣是终生的朋友,就是你在痛苦的时候,有一个人可以安慰你;你在快乐的时候,有个人会跟你一起庆祝;你在很孤独的时候,她会默默无闻地陪着你。"

不忘家乡水土之恩

"如皋"两个字深深流淌在我的血液里。

——李昌钰

李昌钰一生功成名就,半辈异国打拼,但故土之情始终挂念在他的心中。

1985年,应我国公安部和教育部邀请,李昌钰首次回国讲学,并带着母亲的嘱托,回老家如皋看看。当年,回如皋的交通不是十分便捷,需要从北京坐飞机到上海,再坐轮船到南通,然后坐汽车,不像现在,从北京坐火车可以直达如皋。李昌钰不顾旅途的疲劳,在儿时生活的老房子前,一口气拍了79卷照片。他说:"我就是想把家乡带回去,带给远在美国的母亲、姐妹以及老乡们,让他们看看朝思暮想的家乡。因为,每一个在海外的中华儿女都有着深厚的思乡之情。"

2001年9月17日,李昌钰参加了由母亲李王岸佛捐资修建的如皋师范学校附属小学岸佛运动场落成仪式,以贺"附小"百年校庆。他还特意从老房子挑了一块老青砖，装了一小袋泥土，带给久居纽约、日夜思乡的母亲。

2005年5月28日，李昌钰来到如皋东方大寿星园，参加母亲李王岸佛铜像揭幕仪式。他目不转睛地盯着铜像看，连声说"像"，并三次鞠躬；稍后，他与夫人再次三鞠躬；最后向铜像敬献花篮时，他又三鞠躬，虔诚的孝举令在场所有人动容。乡音未改、鬓角斑白的李昌钰对家乡的感激之情溢于言表："妈妈在天之灵，一定会很感动。"

2008年4月17日，李昌钰再次来到如皋东方大寿星园拜祭母亲。他说，自己的刻苦特质与成功，是和母亲从小给他的教育分不开的，母亲是他一生奋斗前进的榜样。他还说，自己身在海外，十分思念家乡，每次回到如皋看到家乡变化得如此之快、如此之大，心中十分激动。在如皋期间，李昌钰与美国企业家一同考察了如皋经济社会发展情况，表示要积极宣传家乡，让更多的客商来家乡投资兴业。

2012年3月24日至25日，李昌钰再次回到家乡考察。他认真题下了"回家真好"四个大字，并且风趣地说，自己沾了长寿之乡的福气，身体一直很好。他还说，虽然自己长期在国外生活，但时刻想念家乡、关注家乡，将尽自己的力量继续为家乡现代化建设献计出力。

2013年7月29日，李昌钰回到家乡，提笔写下了"中国长寿城"，并希望它能充分发挥"世界长寿乡"的品牌效应，通过融入3D、视频等全新元素，打造特色园区，吸引更多人来游览。他还参观了龙游湖商务区，

并专程到如皋市公安局进行指导。

2014年10月5日至6日,李昌钰参观了如皋博爱康复护理院,提笔写下了"老有所养,老有所乐"。他希望能以"世界长寿乡"的品牌效应为依托,打造优质健康的养老产业品牌。他还在如皋市公安局观看了视频监管实战应用平台的演示,提出了"平安如皋,科技强警"的殷切希望。他说,随着时代的发展,犯罪结构和性质不断发生改变,要不断提高防控技术,推进技防体系建设,维护社会和谐。

2015后10月18日,李昌钰回到家乡,出席李昌钰刑侦科学博物馆奠基仪式。李昌钰怀着对家乡的思念和感恩,承继母亲回报桑梓的赤诚情怀,决定将自己毕生积累下来的刑侦鉴识科学成果,放在家乡集中展示。

2016年11月5日,李昌钰携夫人和一对儿女,出席了李昌钰刑侦科学博物馆开馆仪式。这是全球首家刑侦科学类博物馆,来自国内外的500多位专家、学者和各界嘉宾前来祝贺。

国务院侨务办公室负责人在致辞中对李昌钰给予了高度评价。他说:"李昌钰博士将个人精心收藏的珍贵书籍、文献档案,无私捐赠给家乡如皋,设立世界上第一所刑侦科学博物馆,是对国际刑侦事业的一大贡献,表达了对家乡的真挚情感。李昌钰博士是海外华侨华人的杰出代表,是美国华侨华人的骄傲,也是如皋市的骄傲。"

中央电视台著名主持人董卿在祝贺中表达了对李昌钰的敬佩之情。她说:"我和李博士是通过中央电视台《挑战不可能》节目结缘的,如今已是忘年交了。李博士一辈子就是挑战不可能，我深感敬佩！他是怎样的人？他是神，是我心中的'男神'。他把博物馆建在自己的家乡，体现了反哺家乡的赤诚情怀，如皋这座文化名城多了一座地标建筑。"

李昌钰在仪式上发表了精彩演讲。他说："当时有人提议去上海建博物馆，但我出生在如皋，'如皋'两个字深深地流淌在我的血液里。我想，我的鉴识研究成果一定要放在家乡，回家多好呀！我想带着如皋走向世界，同时也带着世界走进如皋，每年我们都会在如皋举行刑侦科学的国际会议。"

2017年5月20日，李昌钰在南京参加江苏发展大会并发表了精彩演讲后，心中涌动的乡情驱使他马不停蹄地赶回如皋。这一次，他不仅带回了更多有纪念意义的刑侦领域的物品，还认真了解了博物馆开馆以来的运行情况，研究了博物馆未来的发展方向。另外，他特别希望尽己所长，调动中美教育资源，在家乡兴建一所大学，为刑侦鉴识科学人才的培养提供重要支撑。

2017年11月1日，李昌钰牵头召开了第二届国际司法鉴识和教育研讨会。来自中国、美国、俄罗斯、印度、波兰、捷克、丹麦等国家的168位司法鉴识相关领域的专家和学者相聚如皋，就如何适应司法鉴识教育国际化趋势，推动国内外学校交流和科研合作等议题展开了研讨。经李昌钰穿针引线，在会上，美国纽海文大学还与南通大学等签署了共同办学备忘录，未来将在如皋共建纽海文大学如皋分校，主要培养刑侦鉴识科学

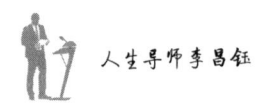

人才。

2018年清明节期间，李昌钰回到家乡，祭拜亲人。在李昌钰刑侦科学博物馆内，李昌钰伫立在母亲半身铜像前，用手拭去眼角泪水，动情地说，人生少有的一大憾事就是没有带母亲回家乡看看，自己曾经答应母亲，带她回如皋走走，但是后来老人家年龄大了，身体常不舒服，每次行程定好了，都没有成行。

祭拜过母亲，李昌钰缓步来到夫人宋妙娟画像前，深情地凝望，久久不肯挪步。他对着心爱的伴侣喁喁细语，仿佛有很多话要跟她诉说。

参天之树，必有其根；怀山之水，必有其源。李昌钰不忘家乡水土之恩，对家乡的发展倾注了大量心血，可谓情深意切，令人敬佩！

附　录

附录一 李昌钰家乡如皋概览

人们问我从哪里来，我，来自江苏如皋，我，是江苏如皋出生的孩子，我告诉他，这是世界上最美丽的地方。

——李昌钰

如皋地处江苏省中部东侧、长江三角洲北翼，东濒黄海，南临长江，位于国际大都市上海城市圈内，与苏州、无锡隔江相望。全市面积1477平方千米，人口145万。

如皋历史悠久，是长江三角洲最早见诸史册的古邑。早在5000年前就有先民在这里生息繁衍、生产劳作，夏朝为"扬州之域"，周期叫"海阳"，汉代叫"海陵"。东晋义熙七年（411年）以"如皋"定为县名，迄今已有1600多年的历史，民国时期系中华神州第一大县，1991年撤县建市。

如皋古城的结构布局为"双环串珠，四门分城"。内外双河环城，景点、民宅沿河两岸而建，河上有数十座小桥相通，像项链串上珍珠，人在城中游,城在水中坐,仿佛呈现出空灵若仙的美妙。东西南北辐射的街道自然形成了纵横轴线,将如皋城分成为四门,自古以来就有"东出文人西出商,北出艺人南出将"的说法。宋代著名词人王观兄弟子侄,清代文学家冒辟疆,清代戏剧家李渔等均出自东门;学宫、崇正书院、如皋师范学堂亦建于东门。西门则为商贾云集之地,全城60多家著名商号有近40家在西门,国际神探李昌钰的父亲、祖父均经商发迹于西门外汤家巷一带。

如皋古城街道整齐、店铺相连、小巷交错、院落有致,隔河相望、小桥相通,既有江南水乡"小桥流水人家"的意味,又有北方四合院的建筑风格。漫步护城河,可以观赏到河水碧波荡漾、河畔芳草萋萋的风光美景。现在内外城河上,存有形状各异的29座桥,其中有的是历史遗迹,如迎春桥、钱家桥;还有的是经重修后仍保留着历史信息,如丰乐桥、望月桥、冒家桥。关于这些桥的许多传说,至今仍成为美谈,从另一个侧面展示了如皋的风土人情和历史文化。

如皋交通便捷、经济发达,成为通江达海、承南启北的交通枢纽。如皋人文积淀深厚、社会民风淳朴、环境优美宜居,有江苏历史文化名城、中国花木盆景之都、世界长寿养生福地的美誉。

如皋有五项非物质文化遗产在全国享有盛誉:

一是如皋篆刻。如皋篆刻盛于明清时期,尤以"东皋印派"不拘泥于成规,形成了"结构紧密、构思巧妙、刀法细腻、一丝不苟、调和匀称"的独特风格,与当时的"三桥派"和后来的徽派齐名。由现代书画篆刻家

韩天衡主编、上海辞书出版社出版的《中国篆刻大辞典》，对东皋印派及其代表人物都有着高度评价。

二是如皋盆景。如皋盆景起源于北宋，发展于明清，清奇古朴，寓小于大、寓近于远、静中见动、虚中见实，形成了独特的"如派盆景"，成为全国七大盆景流派之一，屡次在国内外盆景大赛中摘金夺银。现在每年都有60多万盆景远销欧美、东南亚等多个国家和地区。

三是如皋风筝。如皋与山东潍坊、北京、天津并称全国四大风筝产地。风筝又称纸鹞、纸鸢、风鸢、板鸢等。据乾隆《通州志》记载："风鸢出如皋，风鸢自草虫、鱼、鸟、舟船至于仙佛，无巧不备，大者数丈，软翅者能排九雁、十三雁，春天竞放，他邑所无。"《光明日报》1992年曾载文《如皋板鸢绝天下》，着力描述了载誉中外的郭氏风筝构思巧妙、造型优美、工艺精湛，获得国内外多项顶级大奖。中央电视台播过专题片、人民日报海外版亦进行过采访报道。

四是如皋艺术壁挂毯。如皋艺术壁挂毯作为"南派丝毯"，色彩准确、神情逼真、制作精湛，将民族传统文化与现代艺术完美结合，在国内工艺丝毯行业独树一帜，多次作为国家礼品被赠送给联合国及友好国家。其中包括联合国总部的《桂林山水》、联合国儿童基金会的《和平的春天》、联合国第四届妇女代表大会的《版纳风情》《母爱》等。

五是如皋火腿制作技艺。如皋火腿（北腿）与金华火腿（南腿）齐名，加上云南宣威火腿，为我国三大名腿。如皋火腿的生产始于公元1851

年至1929年，如皋城内的火腿栈已达31家，其中如皋"广丰"火腿还漂洋过海，从美国檀香山国际博览会上捧回金奖。具有百年品牌的如皋火腿以"色、香、味、型"四绝而扬名海内外，现远销多个国家和地区。

如皋千百年来一直延续和保持了源远流长的长寿历史、璀璨夺目的长寿文化、丰富多彩的长寿风情。尤其改革开放以后，如皋百岁老人数量远远高于联合国规定的长寿地区标准（占总人口0.75/万），更高于我国公布的长寿之乡标准（占总人口0.7/万）。如皋总人口长期控制在145万左右，2008年有百岁老人251位，占总人口1.73/万，被中国老年学学会授予"中国长寿之乡"称号；2011年有百岁老人265位，占总人口1.83/万，被国际自然医学会授予"世界长寿乡"称号，这是继外高加索地区、巴基斯坦的罕萨、厄瓜多尔的比尔卡班巴、我国的新疆和田和广西巴马之后，成为世界第六大长寿乡；2016年有百岁老人338位，占总人口2.33/万，被国际自然医学会授予"国际健康养生胜地"称号。2019年1月，如皋百岁老人数再创历史新高，达440位，占总人口3.03%，其中男性92位，女性348位，105岁以上的达22位，这在中国乃至世界堪称奇迹。

健康长寿是世界文明进步的标志，是人类的共同愿望和永恒追求。世界其他五大长寿地区和我国多数长寿之乡，基本上都地处高寒地带或偏僻山区，而唯有如皋地处人口稠密、经济发达的长三角区域，故有"都市文明型世界长寿乡"之称。如皋长寿现象引起众多专家、媒体的广泛关注，发布了许多重磅信息，其中有：

2004年3月3日，中央电视台综合频道、新闻频道播出《如皋如歌　长来长寿》宣传片。

2013年8月15日，中央电视台中文国际频道播出系列纪录片《长寿密码》（7集），每一集都报道了如皋长寿元素，揭示了如皋人的健康养生智慧以及长寿背后的生命密码。

2013年8月24日，光明日报载文《"长寿之乡"如皋的生态文化》，揭示了如皋人的生态智慧。

2014年5月19日，中央电视台科教频道"走进科学"栏目播出专题片《如皋长寿之谜》。

2015年2月10日，中央电视台科教频道"走进科学"栏目播出专题片《探寻长寿的秘密》，依次播出如皋、巴马、吐鲁番的长寿之谜。

2016年9月29日，人民日报海外版载文《五色如皋，精彩不容错过》，展示了古色、绿色、银色、红色和金色的如皋。

2017年9月4日，中央电视台纪录频道播出系列纪录片《长江》（6集），在"天长地久"这一集中报道了如皋的生态文明。

2017年9月24日至28日，第20届亚洲老将田径锦标赛在如皋举行，开创了亚洲老将田径锦标赛首次在一个国家县级城市举办的先河。令人惊异的是，来自20多个国家和地区的1970余名老将运动员中仅有的3位百岁老人都来自如皋。中央电视台体育频道作了专门报道。

2018年11月11日，如皋国际铁人三项赛在风光秀丽的龙游湖畔举办，这是世界长寿乡与热血运动的一次盛大约会，来自美国、澳大利亚等10多个国家，300多名选手参加角逐。中央电视台体育频道作了专门报道。

今日的如皋已经成为古老风韵与现代文明交相辉映的美丽城市，天然的生态园、精致的产业长廊构成了别具一格的城市玄关，一座座滋润着区域文化的楼宇被街巷河桥区隔在人性化的空间，绿地、广场、文博体育设施组合成温馨可人的城市客厅。

今日的如皋已经拥有许多令人神往的城市名片：

中国第一长寿乡、世界第六长寿乡；

全国经济百强县（市）、全国文化先进县（市）、全国文明城市；

国家卫生城市、国家园林城市、国家生态城市、国家节水型城市、国家环保模范城市；

中国优秀旅游城市、中国最佳休闲小城、中国人居环境奖获奖城市、中国最具幸福感县级城市。

附录二　李昌钰演讲活动剪影

给孩子们作演讲，辛苦并快乐着。

——李昌钰

2006年4月2日，李昌钰来到北京大学，作了别开生面的精彩演讲，与学子们分享他的成长历程、传奇故事、人生感悟和成功秘诀。

2006年7月29日，李昌钰来到湖北警官学院，为师生们讲述破案的经典案例。

2007年5月8日，李昌钰来到广东外语外贸大学，与学子们谈创业、话人生、传经验、论鉴识。

2007年12月1日，李昌钰来到广西大学，作了"外国刑事侦查技术的现状与发展"的主题演讲。

2008年4月8日，李昌钰来到浙江工商大学，为学子们讲述他的成长历程和经手的经典案例。

2008年4月16日，李昌钰来到南京三江学院，作了"化不可能为可能"的主题演讲，与学子们分享他的人生经验。

2009年10月28日，李昌钰来到西北政法大学，与学子们分享他的人生感悟和成功经验。

2009年12月7日，李昌钰来到深圳大学，作了"人生哲学与工作经验"的主题演讲。

2010年4月7日，李昌钰来到中国人民大学法学院，祝贺建院60周年并作了"分享人生哲理，探讨成功秘诀"的主题演讲。

2010年6月11日，李昌钰来到上海政法学院，作了"人生与法律"的主题演讲，用曲折的人生经历、精彩的破案故事，把师生们一次次带入"鉴证实录"的现场。

2011年3月9日，李昌钰来到中国科学技术大学，为学子们和消防及武警官兵讲述了自己的人生经验和办案体会。

2011年11月21日，李昌钰再次来到浙江工商大学，作了"21世纪犯罪侦查新科技"的主题演讲，并指导研究生。

2012年3月28日，李昌钰再次来到南京三江学院，作了"从世界名案看能力培养"的主题演讲。

2012年3月30日，李昌钰又一次来到浙江工商大学，作了"物证科学的新定位及分享成功的经验"的主题演讲。

2013年12月6日，李昌钰来到华中科技大学，作了"全鉴识科技及国际名案探讨"的主题演讲。

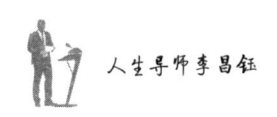

2013年12月10日，李昌钰来到福州大学，作了"鉴识与人生"的主题演讲，勉励学子们坚持梦想，脚踏实地，就能使不可能成为可能。

2014年2月25日，李昌钰来到北京大学国家发展研究院，作了"使不可能成为可能"的主题演讲。

2014年6月8日，李昌钰来到甘肃政法大学，作了"现代刑事鉴识新理论"的主题演讲。

2014年10月8日，李昌钰来到郑州铁道警官学院，为师生们作了关于侦查技术的专题演讲。

2015年3月11日，李昌钰来到华东政法大学，作了"世界名案实录与分析"的主题演讲。

2015年9月22日，李昌钰来到福建师范大学，作了"鉴识与人生"的主题演讲，与学子们分享了世界名案的侦破过程和深刻的人生感悟。

2015年11月1日，李昌钰来到中国人民公安大学，作了"犯罪现场重建与调查"的主题演讲。

2016年8月24日，李昌钰回到家乡如皋，做客东皋大讲堂，与家乡人分享他的丰富工作经历和人生感悟；勉励在场的年轻人，扬鞭策马、勇攀高峰，用实际行动让一个个"不可能"变为"可能"。现场人气爆棚，气氛热烈，演讲110分钟，雷鸣般掌声竟达21次之多。

2016年11月1日，李昌钰再次来到西北政法大学，以他的人生道路和工作经历为主线，与学子们分享自己的人生哲学和办案经验。

2016年12月11日，李昌钰来到中国人民公安大学研究生院，与学子们分享他的人生哲学和从警经验，并就世界侦查技术的最新动态进行了交流。

2017年2月22日，李昌钰来到南开大学，与学子们分享他的诚实乃立身之本的价值观、使不可能变为可能的奋斗观、秉持24小时法则的效率观、全力让证据说话的工作观、满足和快乐并助人的生活观。

2017年2月24日，李昌钰来到北京大学法学院，作了"现代科学侦查方法"的主题演讲，与学子们分享他的人生经历和职业生涯。

2017年3月21日，李昌钰来到南京大学，与学子们分享他的成长历程，交流人生感悟，揭开世界名案背后的故事。

2017年5月19日，李昌钰再一次来到南京三江学院，作了"人生哲学与工作经验分享"的主题演讲。

2017年9月18日，李昌钰来到汕头大学，与学子们分享他的多次角色转换和自我突破的人生经验。

2018年3月26日，李昌钰来到浙江警官学院，作了"刑事侦查新科技"的主题演讲。

2018年3月27日，李昌钰来到杭州电子科技大学，作了"分享我的人生经验——电子犯罪取证和案件侦破"的主题演讲，勉励学子们要像海绵一样，努力吸收各种新知识。

2018年4月4日，李昌钰来到南通大学，作了"我的刑侦生涯与传统文

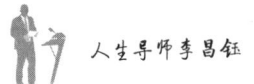

化"的主题演讲，勉励学子们树立目标，坚持梦想，脚踏实地，最终走向成功。

2018年6月15日，李昌钰来到云南师范大学，作了"人生哲学与工作经验分享"的主题演讲。

2018年9月15日，李昌钰再次来到南通大学，作为受聘的终身教授，在全校本科新生开学典礼上，深情地寄语学子们，要在追梦的道路上勇往直前。

2018年9月20日，李昌钰来到西北工业大学，与学子们分享他的传奇经历和人生感悟。

后　记

　　这本书即将付梓之时，不得不说，在我写作的全过程，有两位故人的音容一直浮现在我的脑海中，伴随着我、支撑着我。一位是我的母亲史桂芬，她与李昌钰的母亲李王岸佛曾以姐妹相称，都有着中华传统女性贤惠、勤劳、坚忍的美德；另一位是我的大哥卞寅，他与李昌钰同岁、属虎，都有着为梦想而战的"虎气"。

　　记得我7岁的时候，父亲就病故了，从此家庭的重担落到了母亲的肩上。她起早摸黑地打杂工、做零活，含辛茹苦地把我们兄弟三个拉扯大，养育成人，都上了大学且事业有成。她的伟大在于，笃信"有知识，才有出息"，即使在全家处于揭不开锅的窘境下，从来没有让我们辍学过一天。我们能有今天，全得益于母亲的长期训诫：要认认真真读书，干干净净做人，勤勤恳恳做事。

　　我的大哥一生从未停止过对发明家这一梦想的追求。他从小就对科学发明感兴趣，上小学时能制作房屋模型、水车模型，上初中时能制作航空模型、航海模型。可是就在他初中毕业时，父亲却突然病故了。为了减轻母亲的经济压力，后来他不得不放弃已经录取的省重点高中就学机会，而考到南京一所伙食费全免的中专校。在中专三年里，他硬是挤时间自学完理工科大学的基础课程。毕业两年后，他又考进大学继续读书。在大学里，他发明了"医用无针注射器"，填补了当时国内的空白。后来他在工作中又获得几项发明专利。就在他如日中天的时候，却遭肺癌来袭。在最后的12年里，他一边与癌魔作斗争，一边坚持搞发明，直到生命定格在65岁，真是令人为之动容。

我在写这本书的时候，内心一直没有平静过，两位母亲、两位兄长都是我很敬重的人。从某种意义上说，写好李王岸佛、写好李昌钰，也是对我的母亲和大哥的一种告慰。

这是一本励志书而非人物传记，旨在通过诠释李昌钰的人生哲学，穿插与寓意相关联的事例，给年轻人提供深刻的人生启示。又因为李昌钰已经把自己和家乡如皋融合在一起，逢人必说自己是江苏如皋人，逢会必赞如皋是最美丽的地方，所以我将"李昌钰家乡如皋概览"作为附录介绍给读者。另外，李昌钰每年都要在我国众多高等院校给莘莘学子作精彩演讲，分享人生感悟和成功经验，同样我也把"李昌钰演讲活动剪影"放在附录中。

开卷有益，希望读者能喜欢这本书，谢谢！

卞葆

2019年9月13日

中秋之夜